kurz gefasst Deutsch

Literarische Grundbegriffe

Jutta Grützmacher
Bert Sander

Ernst Klett Verlag
Stuttgart · Leipzig

kurz gefasst Deutsch
Literarische Grundbegriffe

von Jutta Grützmacher und Bert Sander

1. Auflage 1 5 4 3 2 1 | 2011 10 09 08 07

Alle Drucke dieser Auflage sind unverändert und können im Unterricht nebeneinander verwendet werden. Die letzte Zahl bezeichnet das Jahr des Druckes.

Internetadresse: www.klett.de

Redaktion: Bert Sander, Leipzig
Herstellung: Sandra Schneider

Umschlagfoto: Mauritius (Workbookstock), Mittenwald

Satz: Markus Schmitz, Münster
Druck: W. Wirtz, Speyer

Printed in Germany
ISBN 978-3-12-320215-5

9 783123 202155

Haupt- und Unterstichworte

Adaption (Adaptation, lat. adaptare = anpassen) Gemeint ist die Bearbeitung eines Werkes, wobei es sich zumeist um die Nachgestaltung in einer anderen → Gattung handelt. So formt die Dramatisierung einen epischen Text in ein Drama um (z. B. Bearbeitung des Nibelungenliedes als Dramentrilogie *Die Nibelungen* durch F. Hebbel; U. Plenzdorfs Bühnenfassung seiner Erzählung *Die neuen Leiden des jungen W.*, 1972). Im Unterschied hierzu betrifft die Bühnenbearbeitung die Anpassung eines Dramas an die Erfordernisse einer bestimmten Inszenierung (z. B. Aktualisierung).

Weitere Formen der Adaption sind die Vertonung (z. B. Umformung eines Dramas entsprechend den Gestaltungsformen des Musiktheaters in eine Oper), die Verfilmung einer literarischen Vorlage, die Nacherzählung eines Dramas einschließlich sonstiger Kurzfassungen bis hin zum „Klassiker"-Comic.

Akt (lat. actus = Handlung) Dramen bestehen aus größeren, in sich relativ geschlossenen Handlungsabschnitten, den Akten oder Aufzügen (da sie vom Aufziehen des Vorhangs eingeleitet werden). Die seit der Renaissance nach spätantikem Vorbild übliche Gliederung eines Dramas in drei oder fünf Akte hat ihre Verbindlichkeit im 19. Jh. verloren (vgl. Drama). Die Bezeichnung Akt bzw. Aufzug wird in neuerer Zeit vielfach durch Bild, Szene oder Teil ersetzt.

Als Unterteilung des Aktes dient der vom Auf- und Abtreten von Personen begrenzte Auftritt. Auch er wird mitunter als Szene bezeichnet; daneben bedeutet Szene so viel wie Bühne, Schauplatz oder Vorgang.

Alexandriner Der Name erinnert daran, dass der sechshebige Jambus (vgl. Metrum), der eine deutliche Zäsur nach der dritten Hebung hat, zuerst in altfranzösischen Epen des Sagenkreises um Alexander d. Gr. auftauchte (vor 1180). Der Alexandriner ist der klassische Reimvers der französischen Tragödie (P. Corneille, J. Racine). 1624 durch M. Opitz in die deutsche Literatur eingeführt, wurde er hier nur bis etwa 1760 häufiger verwendet, vornehmlich in Gedankenlyrik (z. B. in Sonetten von A. Gryphius) und in Epigrammen, für die sich seine starre Zweigliedrigkeit eignete (vgl. Antithese).

Beispiel:
„Die Ros' ist ohn' Warum, / sie blühet, weil sie blühet,
Sie acht' nicht ihrer selbst, / fragt nicht, ob man sie siehet."
(Angelus Silesius)

Allegorie (griech. allegorein = anders reden) Abstrakte oder komplexe Sachverhalte lassen sich durch Bildhaftigkeit verdeutlichen. Von verwandten Formen der Verbildlichung (vgl. Emblem, Metapher, Symbol) unterscheidet sich die Allegorie durch den Vorrang der → Personifikation. Sie bildet eine Voraussetzung für die Verwendung der Allegorie in (erzählender) Lyrik (z. B. setzt A. Gryphius in seinem Sonett *An die Welt* die Schifffahrtsmetapher als Allegorie für das Leben ein), Epik und Dramatik (z. B. Mangel, Schuld, Sorge und Not in Goethes *Faust II*). In der Regel sind die als Allegorien verwendeten Personen mit erläuternden Attributen versehen (der personifizierte Tod mit Stundenglas und Sense), die sich verselbständigen können (die Waage, ursprünglich Attribut der personifizierten Gerechtigkeit). Die Entschlüsselung ist verstandesmäßig zu leisten und setzt Bildung voraus.

Anachronismus (griech. anachronizein = in eine andere Zeit verlegen) Es kommt vor, dass historische Personen und Gegenstände, aber auch Vorstellungen und Denk- bzw. Ausdrucksweisen zeitlich falsch eingeordnet werden. Geschieht dies absichtlich, so soll entweder komische Wirkung erzielt oder – wie in manchen modernen Theaterinszenierungen (z. B. Orest im Straßenanzug) – überzeitliche Aktualität betont werden. Daneben gibt es den versehentlichen Anachronismus (in Shakespeares *Julius Caesar* schlagen Uhren, obwohl diese erst im 14. Jh. erfunden wurden). Ein naiver Umgang mit zeitlichen Zuordnungen ist kennzeichnend für die frühmittelalterlichen Literaturdenkmäler, in denen z. B. antike oder germanische Sagengestalten als höfische Ritter auftreten.

Anagramm (griech. anagraphein = umschreiben) Durch Umstellung der Buchstaben kann ein neues Wort gebildet werden (Eva – Ave). Diese seit der Antike bekannte Form der Verrätselung wird gern in Geheimschriften (besonders im Orient) und bei Pseudonymen verwendet (z. B. Celan aus Ancel).

Anapher (griech. Zurückführung) Die Wiederholung eines Wortes oder einer Wortgruppe am Beginn aufeinander folgender Sätze oder Satzteile ist ein Stilmittel, das durch Gleichklang die Eindringlichkeit der Aussage wirksam steigert und hauptsächlich in lyrischen und rhetorischen Texten vorkommt.

Beispiel:
„Das Wasser rauscht', das Wasser schwoll …"
(Goethe: *Der Fischer*)

Eine entsprechende Wirkung erzielt die Epiphora (griech. Zugabe), seltener Epipher genannt, mit der Wortwiederholung am Ende.

Beispiel:
Sie klagt nie, jammert nie, weint nie.

Anekdote (griech. anekdota = nicht Herausgegebenes; Titel einer postum erschienenen Sammlung von Hofgeschichten, die in Prokops offizieller Geschichte der Regierung Kaiser Justinians ausgespart geblieben waren) Die Anekdote, zumeist zielstrebig auf eine (oft witzige) Pointe zulaufend, dient der Charakterisierung einer Person (z. B. Künstleranekdote), eines Menschentypus, einer sozialen Schicht oder einer Epoche. In prägnanter Form wird häufig über eine bezeichnende Begebenheit berichtet, wobei der Unterhaltungswert (am stärksten in der Klatschanekdote) betont wird. Die Anekdote kann als selbständige epische Kleinform (vgl. Epik) auftreten (J. P. Hebel, H. v. Kleist) oder in Erzählzusammenhänge integriert sein.

Annalen (lat. annales libri = Jahrbücher) Die Zusammenfassung wichtiger Ereignisse eines Jahres in Annalen ist eine vor allem in der römischen Antike gepflegte Form vorwissenschaftlicher Geschichtsschreibung, in der Unterhaltung und Belehrung (oft parteilich) vermischt wurden.

Ähnlich hält die Chronik (griech. chronos = Zeit) historische und zeitgeschichtliche Ereignisse in zeitlicher Reihenfolge fest, jedoch ohne Gliederung in Jahre. Innere Zusammenhänge bleiben meist außer Acht. Ihre Blütezeit liegt in Deutschland im Mittelalter und im 16./17. Jh. Inhaltlich lassen sich Welt-, Kaiser-, Kloster-, Stadt- und Familienchroniken unterscheiden. Zur chronikalischen Erzählweise vgl. Epik.

Anthologie (griech. anthologia = Blütenlese) Die repräsentative Sammlung von Texten stellt diese meist unter bestimmten Gesichtspunkten (z. B. epochen-, autor-, textsorten-, themen- oder adressatenbezogen) zusammen. Literaturgeschichtlich bedeutende Lyrik-Anthologien sind J. G. Herders *Volkslieder* (1778/79, 1807 unter dem Titel *Stimmen der Völker in Liedern*) und *Des Knaben Wunderhorn* (3 Bde., 1806–1808) von A. v. Arnim und C. Brentano. Die früher auf den schulischen Bereich eingeschränkte Bezeichnung Lesebuch gewinnt neuerdings breitere Verwendung.

Antithese (griech. antithesis = Gegensatz) Durch Kontraste (z. B. Behauptung und Gegenbehauptung) gewinnt eine Aussage an Eindringlichkeit. In Epigrammen und Sonetten des Barock kommt die Antithese häufig als Stilmittel für den Ausdruck eines gespaltenen Lebensgefühls vor.

Beispiel:
„Was dieser heute baut, / reißt jener morgen ein;
Wo itzund Städte stehn, / wird eine Wiese sein.“
(A. Gryphius: *Es ist alles eitel*)

Wirkungsvoll ist die Verwendung von Gegensatzpaaren in Titeln (z.B. Brüder Grimm: *Der Arme und der Reiche*, *Die weiße und die schwarze Braut*). Auch die Umgangssprache kennt antithetische Wendungen (z.B. „über kurz oder lang“).

Aphorismus (griech. aphorizein = abgrenzen, bestimmen) Knapp und treffend, geistreich und schlagkräftig werden Erkenntnisse, Werturteile, Beobachtungen und Erfahrungen in meist nur einem Prosasatz so formuliert, dass der Leser nachdenklich wird. Die überspitzten, zuweilen witzigen Aussagen, subjektive Gedankenblitze, verzichten auf Begründungen. Sie geben sich spielerisch und beziehungsreich und wollen keine allgemein gültigen Weisheiten verkünden, fördern aber eine skeptische Einstellung zu überkommenen und gängigen Meinungen.

Strömungen, in denen der Aphorismus in besonderer Weise gepflegt wurde, sind Aufklärung (G. Ch. Lichtenberg) und Romantik (Novalis). Zu den bedeutendsten Aphoristikern des 20. Jh.s gehören K. Kraus, Th. W. Adorno und E. Canetti.

Beispiel:
„Die glücklichen Sklaven sind die erbittertsten Feinde der Freiheit.“
(M. v. Ebner-Eschenbach)

aristotelisches Drama Diese auf die *Poetik* (Kap. 8) des Aristoteles (384–322 v. Chr.) bzw. deren Auslegung zurückgehende Dramenform ist den drei Einheiten von Handlung, Zeit und Ort verpflichtet (vgl. geschlossene Form) und fordert die Katharsis (griech. Reinigung) des Zuschauers durch „Furcht“ und „Mitleid“ (vgl. Tragödie). Moderne Dramen weichen von diesen und anderen Regeln ab; man spricht hier von nichtaristotelischem Drama (vgl. episches Theater).

Aufklärung Philosophischer und literarischer Epochebegriff der europäischen Neuzeit. Die Literatur der Aufklärung basiert auf der Philosophie der Aufklärung – René Descartes, Baruch de Spinoza, Gottfried Wilhelm Leibniz, Christian Thomasius, Christian Wolff. Der Philosoph Immanuel Kant formuliert Motiv und Ziel der Aufklärung in dem berühmten Essay *Beantwortung der Frage: Was ist Aufklärung?*: *„Aufklärung ist der Ausgang des Menschen aus seiner selbstverschuldeten Unmündigkeit. Unmündigkeit* ist das Unvermögen, sich seines Verstandes ohne Leitung eines anderen zu bedienen ... Sapere aude! Habe Mut, dich deines *eigenen* Verstandes zu bedienen! Ist also der Wahlspruch der Aufklärung.“

Thomasius und Wolff gelten als die bedeutendsten Vertreter der deutschen Aufklärungsphilosophie. Indem sie die bis dahin verachtete deutsche Sprache in die Wissenschaft einführen, ebnen sie Anfang des 18. Jahrhunderts dem Bürgertum den Weg zu einer weltmännischen Bildung. Thomasius war einer der ersten deutschen Wissenschaftler überhaupt, die gegen Hexenwahn, Aberglaube und Folter kämpften. Wolff baut in seiner Philosophie allein auf die rationale Vernunft. Die Welt gliedert er in ein mathematisches System, in dem nichts dem Zufall überlassen bleibt, in dem also nicht nur der Mensch, sondern sogar Gott logischen Notwendigkeiten bzw. allgemeingültigen Naturgesetzen gehorchen muss. Thomasius und Wolff vertreten die Überzeugung der Aufklärung, dass der emanzipierte, gebildete Mensch fähig ist, unabhängig von fremden Autoritäten mit eigenen Augen zu sehen und mit dem eigenen Verstand zu denken.

In der Literatur der Aufklärung werden vor allem literarische Gattungen wie etwa das Lehrgedicht, die Fabel, die Satire und der Roman gepflegt und zur Belehrung des Publikums eingesetzt. Dichtung und vielseitige

Bildung gelten als die eigentliche Schule der Tugend. Auch über die öffentlich in Zeitschriften, sog. Moralische Wochenschriften, geführten Debatten über Literatur und Weltanschauung werden die aufklärerischen Positionen innerhalb des Bürgertums verbreitet.

Für ein moralisches und vernünftiges Theater im Sinne der Aufklärung tritt Johann Christoph Gottsched (1700–1766) ein. Das bisherige Theater attackiert er scharf: „Lauter schwülstige und mit Harlekins Lustbarkeiten untermengte Haupt- und Staatsaktionen, lauter unnatürliche Romanstreiche und Liebesverwirrungen, lauter pöbelhafte Fratzen und Zoten waren dasjenige, so man daselbst zu sehen bekam." Vielmehr aber soll das Theater, zum Beispiel indem es in der Komödie das Lasterhafte als das sowohl Unvernünftige wie auch zugleich Lächerliche herausstellt, für einen moralischen Gewinn des Publikums sorgen, kurzum, es soll den Zuschauern Grundsätze praktischer Klugheit vermitteln.

Als bedeutendster Vertreter der literarischen Aufklärung in Deutschland gilt Gotthold Ephraim Lessing (1729–1781) (*Minna von Barnhelm*, 1767; *Emilia Galotti*, 1772; *Nathan der Weise*, 1779). Lessing setzt sich, entgegen der verbreiteten Tendenz zum Unterhaltsamen, in seinen literarischen Werken mit konkreten politischen und religiösen Fragen seiner Zeit auseinander. So stellt die berühmte Ringparabel aus dem Drama *Nathan der Weise* eine Antwort auf die Frage nach der wahren Religion dar. Lessing befördert hier den Toleranzgedanken, der die Überwindung der althergebrachten Vorurteile einschließt, weil keine Religion letztlich die Gewissheit einer absoluten, unumstößlichen Wahrheit bieten kann. Daher heißt es in der Ringparabel: „Es eifre jeder seiner unbestochnen / Von Vorurteilen freien Liebe nach!"

Autor (lat. auctor = Urheber) Sammelbezeichnung für Verfasser von Texten aller Art. Bezieht sich die Tätigkeit auf sprachkünstlerisch bedeutsame Werke, spricht man vom Dichter oder Poeten; heute wird weithin die bescheidenere, auch neutralere Bezeichnung Schriftsteller oder Literat vorgezogen. Die Unterscheidung zwischen Dramatiker (heute auch als Stückeschreiber bezeichnet), Lyriker und Epiker weist auf die Gattung der verfassten Texte hin. Noch spezieller sind Bezeichnungen wie Romancier (= Romanschriftsteller), Essayist oder Werbetexter. Schriftstellerische Tätigkeiten für den kurzfristigen Gebrauch (z. B. für Presse und Rundfunk) besorgt der Journalist.

Bei als anonym (griech. = namenlos, ungenannt) geltenden Texten ist der Name des Autors entweder unbekannt (z. B. bei langer mündlicher Tradition) oder er soll absichtlich verschwiegen werden (z. B. wenn politische Verfolgung droht).

Nimmt der Autor einen Decknamen an, verwendet er ein Pseudonym. (K. Tucholsky hat gleichzeitig unter den Pseudonymen Peter Panter, Theobald Tiger, Ignaz Wrobel und Kaspar Hauser veröffentlicht.)

Ballade (in Deutschland um 1770 eingebürgerte, in Anlehnung an engl. ballad gebildete Bezeichnung, deren Herleitung von ital. ballata = Tanzlied irreführend ist) Die Ballade verbindet in lyrischer, liedhafter Form (Verssprache, Reim, strophische Gliederung, vielfach Refrain) epische (Ereignisschilderung) und dramatische Gestaltungsmittel (Dialog, Zuspitzung des Geschehens). Die Themen der im 15./16. Jh. zur Blüte gelangten Volksballade reichen von der Naturmythologie über Götter- und Heldensagen (vgl. Mittelalter) und Legendenstoffe (vgl. Legende) bis zu geschichtlichen Ereignissen und Personen (z. B. Räuberballaden über Robin Hood). Im Unterschied zum südeuropäischen Erzähllied (vgl. Romanze) besitzt das nordeuropäische den Hang zu düsterer Grundstimmung und tragischem Ausgang.

Im 17. Jh. entstand aus der Volksballade der Bänkelsang (benannt nach der kleinen Bank, die dem Sänger als erhöhter Standort diente); zum Vortrag kamen anhand von Bildtafeln und mit Musikbegleitung (z. B. Drehorgel) vor allem Moritaten, eine Vorform des Skandal- und Sensationsberichts.

Unter dem Eindruck von Sammlungen und Übersetzungen (J. G. Herder, vgl. Anthologie) von Volksballaden entwickelte sich im Sturm und Drang die deutsche Kunstballade (G. A. Bürger: *Leonore*, 1774). Im sog. Balladenjahr 1797 kam die klassische Balladendichtung Goethes (*Die Braut von Korinth*, *Der Zauberlehrling*) und Schillers (*Die Kraniche des Ibykus*, *Der Ring des Polykrates*, *Der Taucher*) zu ihrem Höhepunkt. Ein Beispiel für die Balladendichtung der Romantik ist *Lore Lay* (um 1800) von C. Brentano. Die Kunstballade des 19. Jh.s umfasst die Gespensterballade (E. Mörike: *Die Geister am Mummelsee*) und die historische Ballade (H. Heine: *Belsazar*, A. v. Platen: *Das Grab im Busento*, C. F. Meyer: *Die Füße im Feuer*); neben sozialen Themen (A. v. Chamisso: *Die alte Waschfrau*) wurden Probleme der modernen Technik in Balladenform aufgegriffen (Th. Fontane: *Die Brück' am Tay*, 1879). Die Balladendichtung des 20. Jh.s gründet sich u. a. auf die Wiederbelebung der Moritat im Kabarett (F. Wedekind). Bedeutende Vertreter sind B. Brecht (*Hauspostille*, 1927), W. Biermann (*Buckower Balladen*, 1965), P. Hacks, G. Kunert, Ch. Reinig. In neuerer Zeit hat sich für die moderne Ballade (Hinwendung zum Alltäglichen) die Bezeichnung Erzählgedicht durchgesetzt (Sammlung *Neue deutsche Erzählgedichte*, hg. von H. Piontek, 1968).

Barock Literaturepoche zwischen → Humanismus / Renaissance und → Aufklärung (etwa 1600 bis 1720). Der Begriff „Barock" leitet sich wahrscheinlich entweder aus dem portugiesischen Wort „barocco" (= unregelmäßige, schiefe Perle) oder aus dem französischen „baroque" (= bizarr, exzentrisch) her. Den historischen Hintergrund bilden der Dreißigjährige Krieg (1618–1648), die Widerstreite zwischen der katholischen und der protestantischen Kirche (Reformation) und die Entwicklung der Fürstenhöfe zu neuen Machtzentren. Die allgemeine Lebensstimmung ist angesichts des Krieges und einer allgegenwärtigen machthungrigen Eitelkeit (lat. vanitas = eitler Wahn; Andreas Gryphius: „Ich seh' wohin ich seh' / nur Eitelkeit auff Erden") einerseits von Pessimismus (lat. memento mori = Gedenke des Todes) und andrerseits von christlicher Unerschütterlichkeit (lat. Constantia = Standhaftigkeit) geprägt. Neben religiös geprägten Texten entstehen auch frivole, weltliche, sinnliche Genüsse preisende Texte. In der → Lyrik dominieren das → Epigramm, das → Sonett (Andreas Gryphius) und das Kirchenlied, in der → Epik neben dem höfischen Roman (vgl. Mittelalter) der Schelmenroman (Hans Jakob Christoffel von Grimmelshausen: *Der Abentheurliche Simplicissimus Teutsch*, 1669). Im Barock vollzieht sich auch die Ablösung des Lateinischen als Literatursprache durch die deutsche Sprache (Martin Opitz: *Buch von der Deutschen Poeterey*, 1624).

Belletristik (franz. schöne Literatur) Im Gegensatz zur zweckgebundenen Sachliteratur umfasst die seit dem 18. Jh. gebräuchliche Bezeichnung alle fiktionalen Texte (vgl. Literatur), die mehr oder weniger der Unterhaltung dienen (z. B. Romane).

Biedermeier Entgegen der Literatur des → Jungen Deutschland / Vormärz hält der literarische Biedermeier an den Konventionen der klassisch-romantischen Literatur-Ära fest, wohl wissend, dass sich die gesellschaftliche Wirklichkeit von diesen Idealen bereits weit entfernt hat. Angesichts der politischen Restauration (Karlsbader Beschlüsse, 1819) ziehen sich große Teile des Bürgertums resigniert ins Private zurück. Autoren wie F. Grillparzer, J. P. Hebel, A. v. Droste-Hülshoff, E. Mörike und L. Uhland wenden sich enttäuscht von den politischen Zuständen dem bescheidenen und genügsamen Alltagsleben, den einfachen Dingen, dem Heim und der Landschaft zu.

Bild(er)geschichte Die Darstellung einer Handlung durch eine möglichst nahtlose Folge von Bildern kann von Texten (mitunter in Versen und gereimt) begleitet werden, die jedoch der Bildaussage untergeordnet bleiben. Bild(er)geschichten treten in unterschiedlichen Medien (z.B. Bilderbogen, Bilderbuch, Zeitung) auf. Beispiele: W. Busch: *Die kleinen Honigdiebe* (*Münchener Bilderbogen*, 1859), E. O. Plauen: *Vater und Sohn* (*Bilder ohne Worte*, 1934).

Der Comic – heute massenhaft verbreitet, meist serienweise hergestellt und über Kioske billig vertrieben – ist Ende des 19. Jh.s entwickelt worden, und zwar in den USA. Deutsche Textfassungen kamen erst nach dem Zweiten Weltkrieg auf den Markt. Die kennzeichnenden Sprechblasen im Bild bzw. Blasentexte, in der Regel in Leserichtung angeordnet, sind seit dem 18. Jh. nachweisbar. Man unterscheidet Comicstrips (engl.-amerikan. drollige Streifen), die in Zeitungen/Zeitschriften meist in Fortsetzungen abgedruckt werden, und Comicbooks (Verbreitung in Heftchen, erst seit 1933). Comics dienen primär der Unterhaltung; es gibt aber auch propagandistische, ironische oder zeitkritische Serien. Wegen der anschaulich-konkreten und (weitgehend) schriftfreien Informationsübermittlung, der lustigen Inhalte (z.B. *Micky Maus* von W. Disney, als Zeichentrickfilmfigur ab 1926) und dem Reichtum an Action sind Comics beliebt bei Kindern, die jedoch nicht die einzige Zielgruppe bilden (*Peanuts* oder *Asterix* wenden sich z.B. an ältere Leser). Das thematische Spektrum und die Gestaltungsweise haben sich in enger Wechselbeziehung mit der populären Literatur (vgl. Trivialliteratur) und dem Massenmedium Film entwickelt (z.B. Tarzan, ab 1912 Romanfigur, ab 1914 Film-, ab 1929 Comic-Held). Umstritten in der Einschätzung ihrer Wirkung sind die Gewalt verherrlichenden Abenteuercomics (z.B. *Superman*).

Biografie (griech. bios = Leben, graphein = schreiben; Lebensbeschreibung) Die Darstellung der Lebensgeschichte eines Menschen, seiner äußeren Lebensverhältnisse und inneren Entwicklung, sowie des zeitgeschichtlichen Zusammenhangs ist in der Regel eine Mischform aus Geschichtsschreibung und Dichtung, wobei entweder die Wiedergabe gesicherter Fakten oder die dichterische Ausgestaltung überwiegen kann. Letzteres kennzeichnet den biografischen Roman, in dessen Mittelpunkt eine historisch verbürgte Person steht. Die neuzeitliche Biografie gründet sich auf die Entdeckung des Individuums in der Renaissance und steht in Wechselbeziehung mit der Psychologie und der Sozialwissenschaft. Eine – heute stärker betonte – Geschichtsbetrachtung „von unten" rückt in der Biografie speziell auch das Alltagsleben eines Menschen ins Blickfeld.

Als Vita (lat. Leben) in Form eines kurz gefassten oder ausführlichen, mit Anekdoten ausgeschmückten Lebenslaufs war die Biografie in der Antike und im Mittelalter (v.a. Heiligenviten) verbreitet.

Die Autobiografie (griech. autos = eigen, selbst) verfolgt das Ziel, Zeit- und Lebenserfahrung am Beispiel des eigenen Lebensweges unmittelbar darzustellen; im Mittelpunkt steht zumeist die innere Entwicklung des Autors. Bestimmte Strömungen der Gegenwartsliteratur (z.B. die „Neue Innerlichkeit") sind stark autobiografisch geprägt.

Im Unterschied zur Autobiografie sind Memoiren (franz. Lebenserinnerungen) z.B. von Politikern oder Künstlern durch die Schilderung zeitgeschichtlicher Ereignisse gekennzeichnet, an denen der Autor handelnd oder leidend beteiligt war; sie besitzen vielfach den Charakter der Rechtfertigung.

Blankvers (engl. blank verse = reiner, reimloser Vers) Der ungereimte, fünfhebige Jambus (vgl. Metrum) gilt als „der eigentliche Vers des deutschen Dramas" (W. Kayser). Er wird in Deutschland seit der 2. Hälfte des 18. Jh.s im Versdrama verwendet (vgl. Alexandriner und Knittelvers) und kommt auch in der Lyrik vor.

Beispiel:
„Es eifre jeder seiner unbestochnen,
Von Vorurteilen freien Liebe nach!“
(G. E. Lessing: *Nathan der Weise*, III, 7)

Sechshebige Jamben, genannt Trimeter, haben sich weniger durchgesetzt, obwohl sie gelegentlich Freiheiten (zweisilbige Senkungen) gestatten.

Beispiel:
„Ein Kunstgebild der echten Art. Wer achtet sein? /
Was aber schön ist, selig scheint es in ihm selbst.“
(E. Mörike: *Auf eine Lampe*)

Brief (lat. breve scriptum = kurzes Schriftstück) Als „Hälfte eines Dialogs“ (Aristoteles) ist der Brief an einen abwesenden Adressaten gerichtet. Sein Wesensmerkmal ist der persönliche Anlass. Das Spektrum der Textsorte Brief reicht vom intimen Liebesbrief bis zum Offenen Brief als Mittel, zu aktuellen Fragen öffentlich Stellung zu nehmen. Letzterem entspricht der zur Veröffentlichung bestimmte fingierte Brief (H. Böll: *Brief an einen jungen Katholiken* über die Wiederbewaffnung der Bundesrepublik Deutschland, 1958). Die chronologisch oder nach Briefpartnern gegliederte Korrespondenz eines Schriftstellers gehört heute zur Gesamtausgabe seiner Werke und besitzt neben dem persönlichen zumeist hohen kulturgeschichtlichen Quellenwert.

Als Epistel (griech. epistole = das Zugesandte) werden programmatische Schreiben wie die des Paulus an seine Gemeinden und (in Versen abgefasste) Abhandlungen bezeichnet. Die schon in der Antike ausgebildete satirische Form solcher Texte wurde im Humanismus durch die *Dunkelmännerbriefe* (*Epistolae obscurorum virorum*, 1515–1517) wiederbelebt. In der Tradition der religiösen Unterweisung steht M. Luthers *Sendschreiben* (1530) über seine Bibelübersetzung und die Heiligenverehrung.

Philosophische Erörterungen sowie Literatur- und Zeitkritik erhielten im 18./19. Jh. vielfach briefliche Form, z.B. *Briefe, die neueste Literatur betreffend* (Mitarbeit G. E. Lessings 1759 bis 1765), J. G. Herder: *Briefe zur Beförderung der Humanität* (1793–1797), Schiller: *Über die ästhetische Erziehung des Menschen, in einer Reihe von Briefen* (1795), L. Börne: *Briefe aus Paris* (1832–1834): Die Korrespondentenberichte lassen den Ursprung des Nachrichten- bzw. Zeitungswesens in der Veröffentlichung brieflicher Mitteilungen erkennen.

Der Briefroman (vgl. Roman) aus fingierten Briefen eines (Goethe: *Die Leiden des jungen Werthers*, 1774) oder mehrerer Schreiber ist eine besonders ausgeprägte Form der perspektivischen Darstellung (vgl. Erzählperspektive).

Bühne Der Teppich eines Gauklers, ein Podest oder eine abgesteckte Spielfläche (noch heute beim Straßentheater) erfüllen schon die Funktion der Bühne, einen Bereich gegenüber den Zuschauern abzugrenzen – in räumlicher Hinsicht, aber auch, um eine andere Wirklichkeitsebene zu verdeutlichen. Dekorations- und Illusionsbühnen unserer Zeit versuchen mit Hilfe von Requisiten (Zubehör) und den Mitteln anderer Künste (bis hin zu Film und Video), die fiktive (erdachte) Wirklichkeit des Dramas zur Darstellung zu bringen. Die altgriechischen Bühnen waren stets Freilichtbühnen (vgl. Theater); ihr Typus wird weiterhin benutzt, wenn es darum geht, dem Illusionstheater etwas entgegenzusetzen oder das (kultische) Festspiel (z.B. in Oberammergau oder in Salzburg) am Leben zu erhalten. Die Bühnenform des Mittelalters bildete die Simultanbühne (lat. simul = zugleich), auf der alle für die Handlung erforderlichen Schauplätze nebeneinander aufgebaut waren und die Schauspieler von einem zum anderen gingen ohne abzutreten. Die Guckkastenbühne der italienischen Renaissance ist die im Wesentlichen noch heute bestehende Bühnenform an einer Seite des Zuschauerraums, von diesem durch den Vorhang getrennt; die Verwandlung erfolgt durch bewegliche Kulissen (franz. couler = gleiten, schieben). Technische

Vervollkommnung brachte die Drehbühne; sie ermöglicht raschen Szenenwechsel trotz aufwendiger Bühnenaufbauten.

Chiasmus (nach dem griech. Buchstaben Chi, geschrieben X) Seit der Antike wird eine Stilfigur verwendet, bei der die Satzglieder spiegelbildlich (Überkreuz- oder Flügelstellung) angeordnet sind, meist nach dem Schema: a b, b a.

Beispiel:
Die Lust ist kurz, lang ist die Reue.

Chiffre (franz. Zahl, arab. sifr = leer) In Anlehnung an die Geheimzeichen, deren Entzifferung nur dem Eingeweihten gelingt, werden verrätselte literarische Ausdrucksformen als Chiffren bezeichnet; sie sind vor allem für die moderne Lyrik kennzeichnend. Die versteckte Bedeutung (z.B. eines Bildes, eines Gegenstandes, eines Wortes oder Buchstabens) kann mitunter aus dem Kontext (Gesamtwerk, Biografie des Autors, Traditionszusammenhang) erschlossen werden.

Chor (griech. choros) Die Bezeichnung bezog sich bei den Griechen ursprünglich auf den für die Aufführung kultischer Tänze abgegrenzten Bezirk, später auf die Gesamtheit der an Tanz und Gesang beteiligten Personen und den von ihnen vorgetragenen Text. Aus chorischen Darbietungen entstand durch die Einführung zunächst eines Schauspielers (vgl. Held) die griechische Tragödie bzw. das → Drama. Der zunächst fest in die Handlung einbezogene Chor (Aischylos) gewann kommentierende Funktion, indem er z.B. Warnungen aussprach und Mitleid zum Ausdruck brachte (Sophokles), und beschränkte sich schließlich auf lyrische Einlagen (Euripides). Im Drama der Spätantike, des Mittelalters und der Renaissance unterstreichen Chöre die Aktgliederung bzw. bestreiten Zwischenspiele; die barocke Form des kommentierenden Chores wird als Reyen bezeichnet. In *Die Braut von Messina* (1803) unternahm Schiller den Versuch, durch die Erneuerung des antiken Chores „die moderne gemeine Welt in die alte poetische zu verwandeln". Im modernen Drama dient der Chor zumeist der Stilisierung oder Verfremdung (B. Brecht: *Die heilige Johanna der Schlachthöfe*, M. Frisch: *Biedermann und die Brandstifter*).

Commedia dell'arte (ital. Komödie der Schauspielerzunft) Die in Italien entstandene Stegreifkomödie mit Maskenfiguren fand im 16.–18. Jh. in ganz Europa Verbreitung. Der Darbietung einschließlich Tanzeinlagen und akrobatischer Kunststücke lag lediglich eine im Szenarium festgelegte Skizze des Handlungsablaufs zugrunde, der Raum für Improvisationen ließ. Die Schauspieler verkörperten bestimmte Typen, z.B. den phrasenhaften Dottore, den geizigen Kaufmann und Schürzenjäger Pantalone, den prahlerischen Capitano, die kokette Dienerin Colombina und deren Mann Arlecchino, von dem der deutsche Hanswurst bzw. Harlekin abstammt. Die Commedia dell'arte übte wesentlichen Einfluss auf die Typenkomödie aus (vgl. Komödie). Nach ersten Versuchen einer Erneuerung im 20. Jh. (I. Strawinski: *Pimpinella und Pulcinella*, Ballett, 1920) widmete sich nach 1945 u.a. das Piccolo Teatro in Mailand ihrer Wiederbelebung.

Dadaismus Der Dadaismus bringt den Niedergang der traditionellen Norm- und Wertvorstellungen im Ersten Weltkrieg radikal zum Ausdruck. Da die auf Rationalität und Fortschritt gegründete bürgerliche Gesellschaft gescheitert sei, könne die Kunst mit absoluter Freiheit, also frei von allem Sinn und Zweck, operieren. Der Dichter und Mitbegründer des Dada H. Ball (1886–1927): „Dada heißt im Rumänischen Ja, Ja, im Französischen Hott- oder Steckenpferd. Für Deutsche ist es Signum alberner Naivität und zeugungsfroher Verbundenheit mit dem Kinderwagen." Bevorzugte Darstellungsform im Dadaismus sind die Collage und Montage von

Wörtern und Texten, deren Auswahl aus Tageszeitungen bei geschlossenen Augen zu erfolgen habe. Diese Produktionsweise sollte die konventionellen literarischen Maßstäbe, die die Sinnhaftigkeit eines Werkes verlangten, provokativ unterlaufen. Zur Bewegung des Dadaismus zählen Künstler wie u. a. H. Ball, G. Grosz, J. Heartfield, W. Herzfelde, H. Höch, K. Schwitters, T. Tzara.

Décadence Der Begriff spielt auf den kulturellen Niedergang in der römischen Spätzeit an. Mit der Darstellung von Niedergang und Verfall der Familie (Th. Mann: *Buddenbrooks. Verfall einer Familie*, 1901), von Krankheit und Tod wird in der Literatur der Jahrhundertwende der angeblich heilen Welt des Bürgertums der Spiegel vorgehalten. Die Literatur der sogenannten Décadence wendet sich gegen Fortschrittsgläubigkeit sowie gegen Zweck- und Nützlichkeitswahn, die ja in Wahrheit selbst den guten, tüchtigen Bürger überfordern. Gegen die Niedrigkeit der gesellschaftlichen und ökonomischen Zwänge setzen Dichter und Philosophen wie Ch. Baudelaire, Th. Gautier oder F. Nietzsche auf kulturelle, ästhetische Verfeinerung (Sublimierung).

Dialog (griech. dialogos = Wechsel-, Zwiegespräch) Die von zwei oder mehreren Personen abwechselnd geführte Rede und Gegenrede bildet das hauptsächliche Gestaltungsmittel des Dramas; dies gilt auch dann, wenn die Dialogführung den Verlust an wechselseitiger Verständigung spiegelt, also Menschen auf der Bühne stehen, die nicht mehr miteinander reden können oder wollen. Erzählende Literatur wird durch Dialogszenen lebendiger, das Zwiegespräch dient der unmittelbaren Charakterisierung der Personen. In der Lyrik findet sich der Dialog vor allem bei erzählenden Formen (vgl. Ballade).

Daneben bildet der Dialog seit der Antike (Sokratischer Dialog) eine der Erörterung weltanschaulicher Fragen gewidmete eigenständige literarische Kunstform. Ein bedeutendes Dokument des Frühhumanismus ist das an prozessuale Regeln angelehnte Streitgespräch zwischen einem Witwer und dem Tod *Der Ackermann von Böhmen* (um 1400) von Johannes von Tepl (J. von Saaz). Das Zutrauen der Aufklärung zur Überzeugungskraft der vernunftgeleiteten Auseinandersetzung spiegelt G. E. Lessings Dialog *Ernst und Falk. Ein Gespräch für Freimaurer* (1778–1780). Dialoge des 20. Jh.s bilden oft dialogisierte → Essays; die Verwandtschaft mit dem Drama verdeutlichen B. Brechts *Flüchtlingsgespräche* (1940/41 und 1944, szenische Uraufführung 1962).

Distichon (griech. Zweizeiler) Die klassische Strophe, immer zweizeilig, besteht aus einem → Hexameter und einem Pentameter und kommt häufiger in antithetisch gebauten Sprüchen vor.

Beispiel:
„Im Hexameter steigt des Springquells flüssige Säule, / Im Pentameter drauf fällt sie melodisch herab."
(Schiller: *Das Distichon*)

Eine Aneinanderreihung von Distichen kennzeichnet die antike → Elegie.

Drama (griech. Handlung, Geschehen) Als Werk der Dramatik (vgl. Gattung) ist das Drama für eine szenische Aufführung durch Schauspieler vorgesehen (vgl. Bühne, Theater); ein Sonderfall ist das Lesedrama. Die Anfänge des abendländischen Dramas liegen bei der Aufführung von Tänzen und Gesängen des Dionysoskultes. Träger der Handlung waren zunächst der → Chor und ein Schauspieler (Protagonist, vgl. Held), zu dem bei Aischylos ein zweiter, bei Sophokles ein dritter Schauspieler hinzukam. Das inhaltliche Wesensmerkmal des Dramas bildet seit der Antike die Auseinandersetzung zwischen unterschiedlichen Auffassungen und Verhaltensweisen (vgl. Konflikt). Das hauptsächliche Gestaltungsmittel ist die Wechselrede (vgl. Dialog). Daneben bedient sich der Dramatiker der Einzelrede (vgl. Monolog), des Beiseitesprechens sowie pantomimischer Elemente (= stummes Spiel, vgl. Theater). Vielfach enthält das Drama auch lyrische (z. B. Liedeinlagen) und epische Formen (z. B. Bericht, vgl. Teichoskopie). Das Drama kann als Versdrama in gebundener Sprache (vgl. Alexandriner, Blankvers, Knittelvers) oder als Prosadrama verfasst sein bzw. beide Sprachformen verwenden.

Das Drama gliedert sich in der Regel in größere Handlungseinheiten (vgl. Akt). Beim Drama in fünf Akten, das besonders in der → Weimarer Klassik eine Blüte erlebt (J. W. v. Goethe: *Iphigenie auf Tauris*, 1787; F. Schiller: *Maria Stuart*, 1801), lassen sich die folgenden Funktionen unterscheiden: Der 1. Akt dient der Exposition (lat. exponere = auseinandersetzen), d. h. der Einführung in den Themenbereich und den Kreis der handelnden Personen; im 2. Akt ergibt sich aus dem erregenden Moment die als steigende Handlung bezeichnete Zuspitzung des Konflikts; im 3. Akt kommt die Handlung zu ihrem Höhepunkt, indem der Konflikt zur vollen Entfaltung gelangt; im 4. Akt erfolgt die Peripetie (griech. peripeteia = Wendung), vielfach verbunden mit einer Retardierung (= Verzögerung), indem sich verschiedene Lösungsmöglichkeiten des Konflikts abzeichnen; im 5. Akt findet der Konflikt seine (tragische oder komische) Lösung. Entsprechendes gilt für das Drama in drei Akten.

Neben dieser gleichsam pyramidenförmigen, klassischen Struktur des Dramenaufbaus (vgl. geschlossene Form) gibt es eine Vielzahl von Möglichkeiten der Verknüpfung der Einzelteile, z. B. die Reihung von Ereignissen und Schauplätzen (= Stationen) im Stationendrama. Als Einleitung kann ein Vorspiel dienen (vgl. Prolog), dem ein Nachspiel (Epilog) entspricht; die einzelnen Akte können durch Zwischenspiele verbunden sein, die mitunter in Kontrast zum Hauptgeschehen stehen oder dieses kommentieren (J. W. v. Goethe: *Götz von Berlichingen*, 1773; F. Schiller: *Die Räuber*, 1781). Einzelne Dramen können zu größeren Werkeinheiten zusammengefasst sein (vgl. Zyklus). Hinsichtlich der Anzahl der auftretenden Personen reicht das Spektrum vom Monodrama (= Einpersonenstück) über das Kammerspiel bis zum Drama mit einer Vielzahl von Haupt- und Nebenpersonen bzw. Statisten, die je nach Stil der Inszenierung noch erweitert werden kann (z. B. Volksszenen in Schillers *Wilhelm Tell*).

Unterschiedliche Grundformen der dramaturgischen Anlage bilden das analytische Drama (= Enthüllungsdrama), bei dem das Bühnengeschehen auf einem schon vor dessen Beginn abgeschlossenen Geschehen aufbaut (Sophokles: *König Ödipus*; H. v. Kleist: *Der zerbrochne Krug*), und das Zieldrama mit weitgehend aus dem Bühnengeschehen entwickelter Handlung. Hinsichtlich der beabsichtigten Wirkung ist zwischen dem illusionistischen Drama (Bühnengeschehen als realer Vorgang) und dem antiillusionistischen Drama zu unterscheiden; kennzeichnende Gestaltungsmittel des Letzteren sind das Aus-der-Rolle-Fallen der Akteure und die Mitwirkung eines kommentierenden Spielleiters (vgl. episches Theater).

Die bisher genannten Merkmale gelten weitgehend unabhängig von der Unterscheidung zwischen tragischer und komischer Weltsicht bzw. Wirkungsabsicht, zwischen → Tragödie und → Komödie. Eine Mischform bildet die in der Renaissance definierte, in der Moderne zu breiter Entfaltung gelangte Tragikomödie; sie ist als Grundform des absurden Theaters (S. Beckett, W. Hildesheimer, E. Ionesco) mit seiner zumeist grotesken Gestaltung des existenziellen Scheiterns zu betrachten. Daneben besteht das breite Spektrum des neutral als Schauspiel, Spiel oder Stück bezeichneten Dramas. Es reicht vom Mysterienspiel und dem Geistlichen Drama des → Mittelalters über das Historien- und Ideendrama sowie das Gesellschaftsdrama bis hin zum sozialen Milieudrama des → Naturalismus (G. Hauptmann: *Die Weber*, mit der sozialen Not als dem „Helden“ des Dramas).

Das mundartliche Volksstück (z. B. Altwiener Volkstheater mit Elementen des Märchen- und des Zauberspiels) besitzt in der Moderne oft eine sozialkritische Ausprägung (M. Fleißer, Ö. v. Horváth, F. X. Kroetz) und berührt sich mit dem politisch engagierten zeitkritischen Drama, z. B. in Form des Agitprop-Theaters (Kurzwort aus Agitation und Propaganda, vgl. auch Neue Sachlichkeit).

Dramaturgie (griech. dramaturgia = Verfertigung und Aufführung eines Dramas) Die praktisch-szenische Dramaturgie befasst sich mit der Programmgestaltung eines Theaters und der Inszenierung eines Dramas. Ihre Aufgaben erfüllt der Dramaturg als literatur- und theaterwissenschaftlicher Berater des Intendanten und des Regisseurs. Die theoretische Dramaturgie (G. E. Lessing: *Hamburgische Dramaturgie*, 1767–1769) ist als Teilgebiet der → Poetik die Lehre von Form und Wirkung des Dramas.

Drehbuch Es dient bei der Herstellung eines Films als Arbeitsgrundlage und bildet eine in Kameraeinstellungen gegliederte Übersicht über alle akustischen (Text, Geräusche, Musik) und optischen Elemente (Dekoration bzw. Gestaltung des Schauplatzes, Requisiten, Licht, Verhalten der Personen), die bei den Dreharbeiten zur Geltung kommen. Vorstufen bilden in der Regel das Exposé (Idee), das Treatment (szenisch gegliederter Handlungsverlauf) und das Rohdrehbuch. Als eine dem Dramentext analoge Textsorte kommen Drehbücher zunehmend zur Veröffentlichung. Vielfach wirken Schriftsteller bei der Verfilmung ihrer Werke am Drehbuch mit bzw. sind als Drehbuchautoren tätig (H. Achternbusch; B. Brecht: *Kuhle Wampe*, 1932, *Auch Henker sterben*, 1943). Die „Skizze eines Films" ist M. Frischs *Zürich-Transit* (1966).

Elegie (griech. elegeia = Gedicht in Distichen, griech. elegos = Klagelied) Neben → Hymne und → Ode ist sie die wichtigste antike Gedichtform, formal durch das → Distichon bestimmt, doch hat dieses Merkmal seine Verbindlichkeit schon bei Goethe verloren (*Elegie* der *Trilogie der Leidenschaft*, 1823). Inhaltlich bringt die Elegie nach antikem Vorbild Klage und verhaltene Trauer zum Ausdruck (nicht unbedingt Wehmut, wie die Bedeutung von „elegisch" im allgemeinen Sprachgebrauch nahe legt); nach Schillers Definition reflektiert sie den Widerspruch zwischen Natur und Kunst, Ideal und Wirklichkeit. Wiederkehrende Themen sind Tod, Krankheit, Liebesleid, Abschied, Trennung, Sehnsucht und Rückerinnerung; die Grundhaltung ist vielfach zwiespältig-distanziert. Thema der Elegie kann aber auch gesteigertes Lebensgefühl sein (so beginnt die Fünfte von Goethes *Römischen Elegien*: „Froh empfind' ich mich nun auf klassischem Boden begeistert, / Vor- und Mitwelt spricht lauter und reizender mir.") In der modernen Lyrik ist die Elegie seltener geworden, erreicht aber noch Höhepunkte in R. M. Rilkes *Duineser Elegien* (1923), bei B. Brecht (*Buckower Elegien*, 1953), J. Bobrowski, P. Celan und Y. Goll.

Ellipse (griech. elleipsis = Auslassung) Absichtlich oder unabsichtlich lassen leidenschaftlich bewegte Sprecher unwichtige Wörter weg, ohne dadurch den Sinn ihrer Aussage zu entstellen. Als Stilmittel kommt die Ellipse häufig im Sturm und Drang und im Expressionismus vor. Sie erweckt den Eindruck der Unmittelbarkeit und Atemlosigkeit.

Beispiel:
„Mörder, Räuber durch spitzbübische Künste! Angeschwärzt von ihm: Verfälscht, unterdrückt meine Briefe – voll Liebe sein Herz – o ich Ungeheuer von einem Toren …"
(Schiller: *Die Räuber*, IV, 3)

Emblem (griech. emblema = Eingelegtes) Sinnbildhafte Bedeutung haben z. B. der (Bundes-)Adler oder die (Friedens-)Taube, aber auch die auf Laden-Aushängeschildern anzutreffenden Zunftzeichen, die alle im weiteren Sinne Emblemata (= Plural von Emblem) bilden. Bei dieser Sonderform des → Symbols, die in der älteren Literatur eine Rolle spielt, liegt die Bedeutung zwar traditionell fest, ist aber zumeist schwer zu erschließen.

Hilfreich für die Enträtselung sind Embleme des 16. bis 18. Jh.s, denen Sinnsprüche als Überschrift (Titel, Motto, Inscriptio) und Unterschrift (Subscriptio) beigegeben sind.

Beispiel (Bedeutung: Widerstandskraft; mit dt. Übersetzung von Inscriptio und Subscriptio)

NON VNO STERNITVR ICTV.

Nitere in aduersis, NON VNO STERNITVE ICTV,
Quae longo e dura, tempore, crevit humo.

Er fällt nicht auf einen Streich

Stemme dich gegen Widriges: nicht mit einem Streich wird der Baum gefällt, der lange in harter Erde gewachsen ist.

Empfindsamkeit Kritische Bewegung innerhalb der Aufklärung, die sich gegen die Vorherrschaft des Rationalismus wendet. Zwischen 1740 und 1755 erreicht diese literarische Tendenz mit Friedrich Gottlieb Klopstocks (1724–1803) Epos *Der Messias* (1748–1773) seine Blüte. Herausgestellt und betont wird die menschliche Empfindsamkeit als eine in der Natur des Menschen verwurzelte „moralische Zärtlichkeit". Vor allem durch lyrische Formen wie Oden, Elegien und Idyllen soll beim Leser das Mitfühlen anderen Menschen gegenüber angeregt werden, oder anders gesagt, der Leser soll für das Vergnügen an „teilnehmenden Gemütsbewegungen", wie es der Schriftsteller Joachim Heinrich Campe (1746–1818) ausdrückt, gewonnen werden. Angestrebt wird eine Gefühlsgemeinschaft zwischen Dichter und Publikum. Wiederkehrende Themen sind Liebe, freundschaftliche Gefühle, Geselligkeit, Natur- und Vaterlandsliebe. In den frühen Gedichten und Oden von Klopstock und in der Poesie der Gruppe Göttinger Hain finden sich herausragende Beispiele für die Lyrik der Empfindsamkeit.

Eine neue Blüte erleben auch die eher intimeren literarischen Formen wie Tagebuch und Brief (vgl. Roman, Brief). Die Briefkultur in der Empfindsamkeit ist stark subjektiv gefärbt bzw. durch das freie, individuelle Denken und Schreiben der Briefpartner geprägt. Der Brief soll nach den Worten des Dichters und Dramatikers Christian Fürchtegott Gellert (1715–1769) „eine freie Nachahmung des guten Gesprächs" darstellen. Die Themen in den Korrespondenzen reichen von Alltagsproblemen bis zu Fragen der Kunst und Wissenschaft. Die Empfindsamkeit übt einen starken Einfluss auf die spätere literarische Bewegung des → Sturm und Drang aus.

Enjambement (franz. enjamber = überschreiten) Wenn bei gebundener Sprache eine Satz- oder Sinneinheit nicht mit dem Versende zusammenfällt, sondern – was belebend wirkt oder eine Betonung bringt – die Zeile (ausnahmsweise sogar die Strophe) überschreitet, entsteht eine Versbrechung bzw. ein Zeilensprung (= Enjambement).

Beispiel:

„Ein Federzug von dieser Hand, und neu Erschaffen wird die Erde. Geben Sie Gedankenfreiheit! – (...)"
(Schiller: *Don Carlos*, III,10)

Epigonendichtung (griech. epigonoi = Nachgeborene) Im weiteren Sinne sind alle Dichtungen, die sich inhaltlich und formal an große Vorbilder anlehnen, epigonal. Obwohl oft meisterhaft in der Ausführung, weisen sie keine neuen Wege und lassen eigene Schöpferkraft vermissen. Epigonendichtung tritt verstärkt auf nach Blütezeiten (z. B. Hochmittelalter, Klassik/Romantik). Das Epigonentum ist Thema des Romans *Die Epigonen* (1836) von K. L. Immermann.

Epigramm (griech. Inschrift) Ursprünglich als erklärende Inschrift an Monumenten angebracht, hat sich die Kurzform der Gedankenlyrik schon in der Antike zu einer unabhängigen literarischen Gattung entwickelt. Das Epigramm bzw. Sinngedicht enthält prägnant (zuweilen satirisch überspitzt) formulierte denkwürdige Betrachtungen und ist oft antithetisch aufgebaut (vgl. Antithese). In Deutschland war es vor allem im Barock (F. v. Logau: *Deutscher Sinngedichte drei Tausend*, 1654) und in der Klassik beliebt (Goethe/Schiller: *Xenien*, 1797).

Beispiel:
„Was wir sehen in der Welt, sehen alles wir durch Brillen; / Gut- und böses wird ersehn, wie es fürkümt unsrem Willen.“
(F. v. Logau)

Epik (griech. epikos = episch) Als literarische → Gattung umfasst die Epik alle erzählenden Dichtungen in Vers oder Prosa. Reale oder irreale, äußere oder innere Ereignisse (Vorgänge, Entwicklungen, Zustände) werden möglichst anschaulich geschildert, oft in epischer Breite im Unterschied zum lyrischen Empfindungsausdruck und zur dramatischen Zuspitzung, wobei → Dialog sowie erörternde und reflektierende Elemente in den epischen Erzählzusammenhang integriert sein können.

Für die Art und Weise der Vermittlung zwischen dem Erzählgegenstand und dem Hörer/Leser ist die jeweilige Erzählhaltung ausschlaggebend (vgl. Erzählperspektive).

Bei der (in modernen Erzählwerken selten gewordenen) linearen bzw. chronikalischen Erzählweise (vgl. Annalen) schreitet die Handlung gleichmäßig voran; daneben bestehen vielfältige Formen der zeitlichen Verschränkung, z. B. durch Rückblenden (= die Zeit wird zurückgedreht). Wird nur eine Handlung verfolgt, ist die Erzählweise einsträngig; laufen mehrere Handlungsfäden neben- und ineinander, ist sie mehrsträngig.

Ein wesentliches Merkmal der Erzählweise ist das Verhältnis erzählte Zeit/Erzählzeit. Meist klaffen erzählte Zeit (= reale Dauer der Vorgänge, auf die das Erzählen Bezug nimmt) und Erzählzeit (= Dauer des Erzählvortrags bzw. die zum Lesen benötigte Zeit) auseinander. So kann beim zeitraffenden Erzählen ein Roman, der an einem Tag ausgelesen wird, die Geschichte mehrerer Generationen erzählen. Andererseits kann beim zeitdehnenden Erzählen die Wiedergabe eines blitzartigen Geschehens mehrere Seiten beanspruchen. Zeitdehnung tritt auch ein, wenn der Erzähler die Handlung anhält, um z. B. Schilderungen, Betrachtungen oder Erinnerungen einzuschalten. Im Naturalismus, zuweilen auch später, wurde zeitdeckendes Erzählen (= weitgehende Übereinstimmung von erzählter Zeit und Erzählzeit) angestrebt.

Bei großen Erzähleinheiten ergeben sich Untergliederungen in Bücher, Kapitel, âventiuren oder Gesänge. Hinsichtlich des Umfangs unterscheidet man zwischen Großformen (vgl. Epos, Roman) und Kleinformen (vgl. Anekdote, Fabel, Kalender-, Kurzgeschichte, Parabel); eine Zwischenstellung nehmen → Erzählung und → Novelle ein. Daneben wird von einfachen Formen gesprochen (vgl. Legende, Märchen, Sage).

episches Theater B. Brecht hat diese Form des modernen Dramas und Theaterspiels seit Mitte der 20er-Jahre entwickelt, theoretisch begründet und in Theaterpraxis umgesetzt; es wird auch didaktisches Theater genannt. Im Gegensatz zum aristotelischen → Drama zielt das epische Theater darauf ab, den Zuschauer durch Verfremdung („V-Effekt“, z. B. Heraustreten des Schauspielers aus seiner Rolle, lediglich mittelbar mit der Handlung verknüpfte Lieder und Songs, Inhaltsangaben durch Texttafeln oder -projektionen) in ein kritisch-beobachtendes, distanziertes Verhältnis zum Bühnengeschehen zu versetzen („Glotzt nicht so romantisch!"). Die auf der Bühne weniger vorgeführten als vielmehr vorgezeigten Verhaltensweisen sollen als gesellschaftlich bedingt und daher veränderbar erkannt werden. Die Dramengestalten sollen weder „Einfühlung" hervorrufen, noch als „Vorbilder" oder „abschreckende Beispiele" dienen; im Zusammenhang der Auseinandersetzung um die Unbelehrbarkeit der Titelgestalt des „klassischen" epischen Dramas *Mutter Courage und ihre Kinder* (uraufgeführt 1941) erklärte Brecht: „Dem Stückeschreiber obliegt es nicht, die Courage am Ende sehend zu machen – (...), ihm kommt es darauf an, dass der Zuschauer sieht." Hinsichtlich seiner dramaturgischen Struktur (Reihung von Bildern) bevorzugt das epische Theater die offene im Unterschied zur → geschlossenen Form. Seine klarste Ausprägung besitzt es bei Brecht im **Lehrstück** mit dem zentralen Thema des angemessenen (sozialistischen) kollektiven Handelns (*Das Badener Lehrstück vom Einverständnis*, 1929). Seine keineswegs widerspruchsfreie Theorie des epischen Theaters hat Brecht in den Dialogen *Der Messingkauf* (1939/40, veröffentlicht 1963) und im *Kleinen Organon für das Theater* (1949) dargestellt; sie wird ergänzt durch Modellinszenierungen („Berliner Ensemble" seit 1949).

Das epische Theater Brechts fand seine Weiterentwicklung u.a. durch P. Weiss (*Die Verfolgung und Ermordung Jean Paul Marats, dargestellt durch die Schauspielgruppe des Hospizes zu Charenton unter der Anleitung des Herrn de Sade*, 1964).

Episode (griech. epeisodion = Einschiebsel) Sie ist in dramatischen oder epischen Werken eine gegenüber der Haupthandlung relativ selbständige, jedoch untergeordnete Nebenhandlung (im Unterschied zur Parallelhandlung) oder ein in sich abgeschlossenes Einzelereignis ohne entscheidende Bedeutung für den Fortgang. Wo die Bezeichnung im Titel vorkommt, wird auf die Beiläufigkeit des geschilderten Ereignisses angespielt (O. M. Graf: *Die Episode von Troglberg*, St. Zweig: *Episode am Genfer See*).

Epos (griech. Wort, Erzählung, Gedicht) Im 18. Jh. ist Epos an die Stelle von **Epopöe** (= epische Dichtung) als Bezeichnung für die dem → Roman vorangegangene epische Großform in Versen getreten.

Das Epos zeichnet sich durch strenge Form (gleichbleibendes Versmaß, oft strophische Gliederung) und gehobene Sprache aus. Stofflich wird auf Mythen, Götter- und Heldensagen zurückgegriffen oder es werden bedeutende historische Ereignisse/Personen besungen (früher mündlich vorgetragen in feierlicher Umgebung). Das über lange Zeit mündlich überlieferte **Volksepos** hat anonyme, wahrscheinlich mehrere Verfasser; das **Kunst-** oder **Buchepos** geht auf einen Einzeldichter zurück.

Schon das älteste Epos der Weltliteratur, das mesopotamische Gilgamesch-Epos aus dem 3./2. Jahrtausend v. Chr., ist ein **Heldenepos**; diesem Typus gehören die im 8. Jh. v. Chr. entstandenen, Homer zugeschriebenen Epen *Ilias* und *Odyssee* ebenso an wie das Nibelungenlied (um 1200; vgl. Mittelalter). Ein Heldenepos hat mitunter den Charakter eines **Nationalepos** gewonnen (z.B. Vergils *Aeneis*). Daneben entstand schon in der Antike das **Lehrepos** (Hesiod: *Theogonia*, um 700 v. Chr.), das bis ins 18. Jh. lebendig geblieben ist (F. G. Klopstock: *Der Messias*, 1748–1773). Ein weiterer Typus ist das **Tierepos**, in dessen Tradition Goethes *Reineke Fuchs* (1794) steht. Das **höfische Epos** des → Mittelalters (Hartmann von Aue, Wolfram von Eschenbach, Gottfried von Straßburg) ist streng genommen ein **Versroman**. Goethes Versuch, die Form des antiken Epos (Hexameter, Gliederung in Gesänge) mit modernem Inhalt zu verbinden (*Hermann und Dorothea* 1797), führte in den Bereich der → Idylle. Zu den vereinzelten epischen Hexameter-Dichtungen des 20. Jh.s gehört das Epos *Des großen Kampffliegers, Landfahrers, Gauklers und Magiers Till Eulenspiegel Abenteuer, Streiche, Gaukeleien, Gesichte und Träume* (1928) von G. Hauptmann.

Erzählperspektive Je nach dem Standort, den der Autor als Erzähler einnimmt, und nach der Erzählsituation ändert sich die Perspektive (lat. perspicere = deutlich sehen), unter der das epische Geschehen angeordnet, wiedergegeben und bewertet wird. Der (realen, olympischen) Allwissenheit des Erzählers, der das Gesamtgeschehen überblickt, entspricht das auktoriale Erzählen (lat. auctor = Urheber, Berichterstatter); es ist u.a. durch gestalterische Eingriffe, ironische Brechungen, die Anrede des Erzählers an den Leser sowie Vorausdeutungen gekennzeichnet. Wenn der auktoriale Erzähler mit dem Erzählen beginnt, kennt er bereits das Ende, aus der Binnenperspektive übersieht und durchschaut er das Geschehen von vornherein (H. Hesse: *Unterm Rad*, 1905; Th. Mann: *Der Zauberberg*, 1924). Dagegen kann der Ich-Erzähler nur das erzählen, was er gerade erlebt, also nur das, was ihm sozusagen unmittelbar vor Augen steht. Die Ichform erweckt den Anschein, als sei der Erzähler selbst in das Geschehen verwickelt, die fortlaufende Handlung ist ihm selbst noch verborgen, was die anderen handelnden Personen denken und planen, das kann er nur vermuten (J. W. v. Goethe: *Die Leiden des jungen Werthers*, 1774; St. Zweig: *Schachnovelle*, 1941). Durch innere Monologe und erlebte Rede (= Vermittlung von Bewusstseinsinhalten durch Selbstgespräche, die aber in der 3. Person geführt werden, auch „halbdirekte Rede" genannt) wird die Einfühlung erleichtert, zugleich die perspektivische Verengung betont. Auch der Er- bzw. personale Erzähler ist in die Handlung direkt verwickelt, auch er hat nur einen beschränkten, begrenzten Blickwinkel; nur was er denkt und fühlt wird mitgeteilt. Erzählt wird in diesem Fall aus der Außenperspektive heraus. Grammatikalisch wird in der dritten Person erzählt. Der neutrale Erzähler nimmt ebenfalls die Außenperspektive ein, er enthält sich jeglichen auktorialen Kommentars. Th. Fontanes Roman *Effi Briest* (1895) stellt eine Mischung von auktorialer und personaler Erzählform dar. Rahmenerzählungen mit eingefügten Binnenerzählungen erhöhen dagegen die Distanz. Vor allem Romane können ganz oder teilweise aus fingierten (d.h. erfundenen und unterstellten) Texten der am Geschehen beteiligten Personen bestehen (z.B. Tagebuchaufzeichnungen, vgl. Brief). Stammen diese Texte von verschiedenen „Autoren", wird ein Perspektivenwechsel erreicht, der auch für sonstige Formen der → Montage kennzeichnend ist.

Erzählung Darunter versteht man im weiteren Sinne sämtliche Formen epischer Texte (vgl. Epik), im engeren Sinne einen erzählenden Text in Prosa (als Verserzählung in gebundener Sprache) von mittlerer Länge; er ist in seiner Eigenart wenig festgelegt, besitzt aber im Allgemeinen weder die Geschlossenheit der → Novelle noch die Offenheit der → Kurzgeschichte, hat kaum lehrhafte Absichten und bezieht sich auf reale oder erfundene, jedoch nicht auf wunderbare Geschehnisse. Zum Erzählgedicht vgl. Ballade.

Essay (engl./franz. essay/essai = Versuch) Die Bezeichnung deutet auf den experimentellen Charakter hin. Der Essayist stellt sich einem Problem; er denkt (vielfach in Form eines inneren Dialogs) über dessen Gesichtspunkte und Lösungsmöglichkeiten nach, erhebt aber keinen autoritären Anspruch. Subjektivität ist das bestimmende Merkmal des Textes, der den Anspruch eines sprachkünstlerischen Werkes erhebt. Als Begründer der neuzeitlichen Essayistik gilt M. de Montaigne (*Les essais*, 1580–1595, dt. 1753/54); bedeutende deutschsprachige Essayisten sind G. E. Lessing, A. Schopenhauer, H. und Th. Mann, G. Benn, W. Benjamin, Th. W. Adorno. Vgl. auch Feuilleton. Die Abhandlung unterscheidet sich vom

Essay durch vorherrschende Objektivität, systematische Durchführung und möglichst vollständige Darstellung eines Problems. Der Traktat dagegen stellt seinen Gegenstand oft verkürzt und einseitig dar.

Euphemismus (griech. eu phemein = gute Worte gebrauchen) Durch harmonisierende Umschreibung werden verletzende, peinliche Sachverhalte (nicht selten Tabus) entschärft, gemildert. Euphemistische Bezeichnungen für Sterben sind z. B. Ableben, Heimgang.

Exilliteratur Deutschsprachige antifaschistische Literatur, die während der Zeit des Nationalsozialismus zunächst im europäischen Ausland, später vor allem in Nord- und Südamerika erscheinen musste. Nach der Ernennung Hitlers zum Reichskanzler und dem sich zeitlich unmittelbar anschließenden Reichstagsbrand 1933, nach der Aufhebung der Weimarer Verfassung 1933, nach den Nürnberger Rassengesetzen 1935 und spätestens nach dem Pogrom von 1938 war für humanistisch eingestellte kommunistische, linksliberale und auch konservativ-bürgerliche Autoren das Exil der einzige Ausweg. Diese Autoren, zu denen u. a. J. R. Becher, W. Benjamin, B. Brecht, A. Döblin, H. Domin, L. Feuchtwanger, O. M. Graf, Th. und H. Mann, A. Seghers gehörten, führten den Kampf gegen das NS-Regime mit publizistischen Mitteln aus dem Ausland fort. Vor allem der Verlust des deutschsprachigen Publikums stellte viele dieser Autoren vor existentielle Probleme.

Expressionismus Der Begriff Expressionismus wird von der Literatur aus der modernen bildenden Kunst übernommen. Als Sammelbegriff fasst er äußerst unterschiedliche literarische Strömungen und politische Positionen aus der Zeit von etwa 1910 bis 1925 zusammen. Beispielsweise vertreten vor dem Ersten Weltkrieg einige Dichter durchaus gewalt- und kriegsverherrlichende Positionen. Angesichts der von ihnen diagnostizierten gesellschaftlichen Stagnation, der Langeweile und „Ereignislosigkeit des Lebens" fragen Dichter wie Georg Heym: „Warum ermordet man nicht den Kaiser oder den Zaren? Warum macht man keine Revolution? Oder sei es auch nur, dass man einen Krieg begänne." Nach der Erfahrung des Ersten Weltkriegs überwiegen dann pazifistische Haltungen und der Protest gegen Militarismus und kapitalistische Profitmacherei. Neben der Ablehnung des industriellen Fortschritts trifft man innerhalb der expressionistischen Bewegung aber auch auf futuristische Technikbegeisterung. Die zahlreichen expressionistischen Programme und Manifeste eint die entschiedene Position gegen die materialistische Weltsicht der → Naturalisten wie auch gegen den Ästhetizismus des → Fin de siècle.

In der expressionistischen Dichtung wird die bürgerliche Moral, die als verlogen empfunden wird, durch dunkle Bilder des Verfalls, der Verwesung, des Verderbens und des Todes attackiert. Zum Beispiel beschreibt der Arzt und Dichter Gottfried Benn (1886–1956) mit Hilfe von Szenen des körperlichen Verfalls insgesamt die Hoffnungslosigkeit der menschlichen Existenz (*Morgue und andere Gedichte*, 1912). Georg Heym (1887–1912) stellt die Angst des Menschen in einer feindlichen, unheimlichen Wirklichkeit dar (*Der Gott der Stadt*, 1910; *Der Krieg*, 1911). Georg Trakl (1887–1914) findet in seiner Dichtung, erschüttert durch eigene Kriegserlebnisse, zu apokalyptischen Bildern des Untergangs und des Todes.

Fabel (lat. fabula = Rede, Erzählung) Der Name bezeichnet zum einen das Handlungsgerüst eines epischen oder dramatischen Werkes, und zwar unter Berücksichtigung der wichtigsten Motive; in diesem Sinne deckt er sich weitgehend mit Plot (engl. Handlung).

Zum anderen ist die Fabel als Kleinform (vgl. Epik) eine lehrhafte Beispielerzählung in Vers oder Prosa. Häufig handeln und reden Tiere, auf die menschliche Verhaltensweisen (oft in Macht-/Ohnmachtverhältnissen) übertragen werden. Der kleine, meist schmucklose, zielstrebig auf eine treffsichere Pointe angelegte Text hat verdeutlichende Absichten; als rhetorische Einlage dient er der Argumentation. Die verhüllte („uneigentliche") Redeweise sollte den Autor, der heikle Wahrheiten zu verkünden hatte, vor Verfolgung schützen. Die Verkleidung in Tiergestalt, die eine eindeutige Charakterisierung der Figuren gewährleistet, dient (nach G. E. Lessing) auch der Herstellung von Distanz. Fabeln sind als „das in eine Erzählung eingefügte Drama in knappster Form" (Dithmar) bezeichnet worden, bestehend aus Rede und Gegenrede, Handlung und Gegenhandlung. Ursprünglich bestanden Fabeln aus einer Sach- und einer Bildhälfte; die Sachhälfte (die auf die konkrete Ausgangssituation des Redners hinweist) ging häufig verloren und ist schwer zu erschließen. In der Regel haben wir nur die Bildhälfte, häufig erweitert durch ein Pro- oder Epimythion (= vor- oder nachgestellter Lehrsatz).

Die abendländische Fabeldichtung wird auf den phrygischen Sklaven Aisopos (Äsop, um 550 v. Chr.) zurückgeführt, dessen mündlich tradierte Erzählungen u.a. durch den Freigelassenen Phaedrus (*Fabulae Aesopiae*, 1. Jh. n. Chr.) gesammelt und bearbeitet worden sind. In dieser Tradition stehen die Fabeln des 15./16. Jh.s (M. Luther, H. Sachs); nach J. de La Fontaine führte Lessing die Fabeldichtung zu einem neuen Höhepunkt; ihrer Theorie im Sinne der Aufklärung dienen seine *Abhandlungen über die Fabel* (1759).

Feature (engl. Aufmachung, zu lat. Factura, das Machen, die Bearbeitung) Diese Form des Sachberichts in Presse, Rundfunk und Fernsehen strebt nach größtmöglicher Anschaulichkeit. Hierzu dient die jeweils medienspezifische Kombination unterschiedlicher Informations- und Darstellungsmittel wie → Reportage, Interview, Kommentar, Hintergrundbericht. Das Rundfunk- bzw. Fernsehfeature kann Elemente des Hör- bzw. Fernsehspiels einbeziehen; ausgeschlossen ist jedoch eine durchgehende Spielhandlung. Beim Rundfunkfeature fällt eine Abgrenzung gegenüber dem Hörbericht und dem Hörbild schwer.

Fernsehspiel Als „neue Kategorie visueller Literatur" (H. Schmitthenner) bildet das Fernsehspiel eine Kunstform zwischen Film und Theater. Eine eigenständige Ästhetik wird in erster Linie aus den Produktionsbedingungen hergeleitet (Herstellung zum Zweck der Verbreitung durch das Massenmedium Fernsehen). Die Verwendung optischer Gestaltungsmittel muss das kleine Bildformat berücksichtigen, doch ergibt sich hieraus nicht zwingend ein Übergewicht der Sprache. Zumeist liegen Fernsehspielen literarische Vorlagen zugrunde (vgl. Adaption).

Feuilleton (franz. Blättchen) Der Name eines ab 1800 einer französischen Tageszeitung beigefügten Blattes mit Theaterrezensionen dient als Bezeichnung für den Kulturteil einer Zeitung oder Zeitschrift. Dieser enthält Nachrichten und Kommentare aus dem Kultur- und Geistesleben, Ausstellungs-, Buch-, Film-, Fernseh-, Musik- und Theaterrezensionen, populärwissenschaftliche und unterhaltsame Beiträge sowie literarische Kleinformen (Gedicht, Erzählung), Auszüge oder Serien (z. B. Fortsetzungsromane).

Zum anderen ist das Feuilleton eine dem → Essay verwandte Textsorte. Kennzeichnend sind die lockere Form, ein witzig-pointierter Stil der geistreichen, überraschenden Verknüpfung scheinbar gegensätzlicher Erscheinungen oder Gegenstandsbereiche (z. B. Kunst und Politik).

Der an H. Heine (*Französische Zustände*, 1831) anknüpfende Feuilletonismus wird (aus deutscher Sicht) vielfach als oberflächlich kritisiert (K. Kraus). Eine feuilletonistische „Randbemerkung" nennt man Glosse (griech. glossa = Zunge, Sprache).

Fin de siècle Oberbegriff, unter dem verschiedene, gegen den Naturalismus gerichtete Strömungen (→ Impressionismus, → Symbolismus, → Décadence) gefasst werden. Die naturalistische, realistische Wiederspiegelung der gesellschaftlichen Wirklichkeit und die Thematisierung von politischen und sozialen Fragen wird als unkünstlerisch abgelehnt. Dagegen wird ästhetizistisch die Autonomie der Kunst („l'art pour l'art", vgl. Literatur, Fin de siècle) betont: „Es gibt nichts wahrhaft Schönes außer dem Zweckfreien; alles Nützliche ist hässlich" (Th. Gautier, 1835). Der Fin de siècle ist insgesamt von einer düsteren, melancholischen Stimmung (Endzeitstimmung) und von einer Rückwendung zum Irrationalen, Mystischen und einer Hinwendung zur Analyse von menschlichen Seelenabgründen geprägt. Hugo von Hofmannsthal bringt die Verfassung vieler Dichter des Fin de siècle auf den Punkt: „Also spielen wir Theater, / Spielen unsre eignen Stücke, / Frühgereift und zart und traurig, / Die Komödie unsrer Seele, / Unsres Fühlen Heut und Gestern, / Böser Dinge hübsche Formel, / Glatte Worte, bunte Bilder, / Halbes, heimliches Empfinden, / Agonie, ..." Wichtige Autoren sind u.a. Ch. Baudelaire, P. Verlaine, St. Mallarmé, St. George und H. Bang.

Flugschrift Das zum Zweck politischer oder religiöser Beeinflussung hergestellte Druckerzeugnis, oft anonym, hat einen geringen Umfang und ist gelegentlich bebildert. Die Flugschrift greift parteiisch, nicht selten grobschlächtig, in öffentliche Auseinandersetzungen ein und heizt die Stimmung im Volk an. Bedeutende Beispiele sind *Von der Freiheit eines Christenmenschen* (1520) von M. Luther und *Der Hessische Landbote* (1834) von G. Büchner und L. Weidig.

Die einfachste Form der Flugschrift ist das seit dem 15. Jh. zunächst als einseitig bedrucktes Einzelblatt (Einblattdruck) hergestellte und in der Regel mit einem Bild versehene Flugblatt. Es bildete als Sensations- oder Katastrophenmeldung eine Vorform der Zeitung.

Fragment (lat. fragmentum = Bruchstück) Das unvollständig vorliegende Werk ist vom Autor – aus inneren oder äußeren Gründen – nicht abgeschlossen worden oder im Laufe der Überlieferung teilweise verloren gegangen. Daneben kann die Form des Fragments bewusst gewählt werden, weil sie dem darzustellenden Gegenstand bzw. der Darstellungsabsicht entspricht; dieses Verständnis wurde z.B. in der Frühromantik (F. Schlegel) vertreten.

Gattung Der seit dem 18. Jh. gebräuchliche Begriff hat unterschiedliche Bedeutungen. Als Gattungen im weiteren Sinne werden die drei „Naturformen der Poesie" (Goethe) Dramatik (bzw. Drama), Epik und Lyrik unterschieden. Die Definition von Gattungen im engeren Sinne dient der Abgrenzung verschiedener Formtypen der Dichtung (z.B. Hymne, Komödie, Märchen, Roman), die sich wiederum untergliedern lassen (z.B. Abenteuerroman, Entwicklungsroman).

Mit der Erweiterung des Literaturbegriffs (vgl. Literatur), durch die seit etwa 1960 der Gegenstandsbereich der Literaturwissenschaft zunächst auf triviale, sodann auch auf alle nichtfiktionalen Texte ausgedehnt wurde, kam die Bezeichnung Textsorte in Gebrauch, die auf alle vorkommenden Arten und Unterarten von Texten (z.B. auch auf Lexikonartikel, Schlagertexte, Slogans) angewendet werden kann. Geblieben ist das Problem, dass die Übergänge zwischen den einzelnen Textsorten ebenso wie die zwischen den Gattungen in vielen Fällen fließend sind.

geschlossene Form Dieses Aufbau- bzw. Strukturprinzip ist durch strenge Gesetzmäßigkeit der Tektonik (= Zusammenfügen von Bauteilen zu einem Gefüge) gekennzeichnet. Merkmale sind eine überschaubare, auf Einheit abzielende Anordnung aller Elemente und eine entsprechende Bezogenheit aller Teile aufeinander. Diese Gesichtspunkte gelten grundsätzlich für alle literarischen Gattungen, wurden aber vor allem am → Drama entwickelt (vgl. aristotelisches Drama). Das Gegenprinzip zur (klassischen) geschlossenen ist die offene Form, im Drama gekennzeichnet durch die lockere Verbindung zwischen den Einzelteilen bis hin zu ihrer Austauschbarkeit (vgl. episches Theater).

Gleichnis Während der Vergleich sich darauf beschränkt, zur Veranschaulichung eines fremden oder schwierigen Sachverhalts auf Vertrautes, meist Konkretes zurückzugreifen (oft unter Verwendung der Vergleichsformel „so – wie"), wird im Gleichnis der Bezug auf das zu Vergleichszwecken herangezogene Bild breiter entfaltet; das Bild ersetzt aber nicht (wie bei der → Parabel) die gemeinte Sache, sondern tritt neben sie. Am bekanntesten sind die biblischen Gleichnisse, die an die Erfahrungswelt der damaligen Zuhörer anknüpfen. (Allerdings wird im Neuen Testament manches Gleichnis genannt, was eigentlich eine Parabel ist.)

Groteske (ital. grottesco = wunderlich) Durch Verzerrung und Entstellung (oft ins Schaurige, Abartige) werden überraschende (teils befreiende, teils beklemmende) Wirkungen erzielt. Erheiternd ist der groteske Stil vor allem dann, wenn die spielerische Fantasie neuartige Sinnzusammenhänge herstellt. In allen grotesken Darstellungen wird scheinbar Unvereinbares miteinander verbunden: Gesetz und Willkür, Weisheit und Unsinn, Belebtes und Totes, Spaß und Grauen; so kommt es zum „Abbau falscher Sicherungen" (Ch. Morgenstern). Zu unterscheiden ist zwischen der Grotesken als Inhalt und der Grotesken als Textsorte. Zu den Meistern des Grotesken gehören E. T. A. Hoffmann, W. Busch, Ch. Morgenstern, F. Dürrenmatt.

Gruppe 47/Trümmerliteratur Literarische Gruppierung, die sich nach dem Zweiten Weltkrieg 1947 mit dem Ziel einer radikalen Neuorientierung der Literatur gründete. Es ging ihr vor allem darum, dass sich die Literatur, nach der Zeit der inneren und äußeren Emigration während des NS-Regimes, verantwortlich für eine Demokratisierung Deutschlands engagierte. Ihre Kritik richtete sich vor allem gegen restaurative Tendenzen in der Bundesrepublik Deutschland, wobei sie meist marxistische und linke existentialistische Positionen vertrat. Die Gruppe bestimmte viele Jahre das literarische Leben der alten Bundesrepublik. Mitglieder der Gruppe waren u.a. I. Aichinger, A. Andersch, I. Bachmann, H. Böll, P. Celan, G. Eich, G. Grass, U. Johnson, W. Koeppen, H. W. Richter, P. Rühmkorf, M. Walser. 1967 löste sich die Gruppe offiziell auf.

Haiku (jap. humoristischer Vers) Der um 1900 aus Japan übernommene Gedichttypus (heute selten humoristisch) lebt von der Andeutung. Er besteht aus drei Zeilen mit festgelegter Silbenzahl (5, 7, 5).

Beispiel:
„Das ist nicht erlaubt',
sagte er und pflückte mir
einen Blütenzweig!"
(Sumi Taigi, 18. Jh.)

Held Losgelöst vom ursprünglichen Verständnis des Helden als einer Person mit außergewöhnlichen (kriegerischen) Eigenschaften (Mut, Stärke, Tapferkeit) wird die Bezeichnung generell für die Hauptperson eines Dramas oder eines epischen Werkes verwendet; bildet ihr Name den Werktitel, spricht man von Titelheld.

Gleichbedeutend ist Protagonist (griech. protagonistes = erster Kämpfer), ursprünglich Bezeichnung für den ersten neben den → Chor getretenen (Einzel-)Schauspieler.

Dass dem Begriff gleichwohl noch „positive" Vorstellungen im Sinne von Selbstbestimmung und Aktivität anhaften, verdeutlicht die Bildung negativer Held als Bezeichnung für eine Dramen- oder epische Gestalt, die beispielsweise als Opfer der gesellschaftlichen Verhältnisse dargestellt wird (etwa der

Titelheld von G. Büchners Dramenfragment *Woyzeck*). Der Begriff Antiheld wird teilweise ebenfalls in diesem Sinne verwendet; daneben bezeichnet er eine dichterische Gestalt, die den gesellschaftlichen Verhaltensnormen widerspricht, ohne an diesem Widerspruch zu zerbrechen (z.B. Oskar Matzerath in *Die Blechtrommel* von G. Grass). Als ausschließliche Verkörperungen positiver Normen finden sich heute literarische Helden fast nur noch in der Trivialliteratur, auf andere Weise im Sozialistischen Realismus.

Hexameter (griech. hex = sechs, metron = Maß) Der antike, vor allem in Epen (*Ilias*, *Odyssee*) verwendete Vers ist nicht regelmäßig gefüllt. Er hat sechs Hebungen, dazwischen eine oder zwei Senkungen (nur nach der fünften Hebung ist die Senkung fast immer zweisilbig); ein Auftakt fehlt (vgl. Metrum, Vers).

Schema:
– u (u) – u (u) – u (u) – u (u) – u u – u

Beispiele für deutsche Hexameter-Epen sind *Hermann und Dorothea* und *Reineke Fuchs* von Goethe.

Der Pentameter (griech. pente = fünf) ist zwar in der antiken Dichtung fünfhebig, hat aber in der deutschen Literatur – insofern ist die Bezeichnung irreführend – wie der Hexameter sechs Hebungen. Der Unterschied besteht darin, dass im dritten (und im sechsten) Versfuß die Senkung fehlt, so dass in der Versmitte eine deutliche Zäsur entsteht.

Schema im Deutschen:
– u u – u u – / – u u – u u –

Der Pentameter kommt in der deutschen Literatur hauptsächlich in Verbindung mit dem Hexameter vor (vgl. Distichon, Elegie).

Hörspiel Die dem (Lese-)Drama verwandte literarische Gattung entstand Mitte der 20er-Jahre mit der Einrichtung des öffentlichen Tonrundfunks (in Deutschland 1922/23). Das Hörspiel ist ein „original für den Hörfunk abgefasstes, in sich geschlossenes (...), überwiegend sprachliches Werk, das beim Publikum eine der Kunst spezifische Wirkung hervorzubringen versucht und das in keinem anderen Medium ohne entscheidende Strukturveränderungen existieren kann" (A. P. Frank). Völlig auf akustische Gestaltungsmittel angewiesen, bedient sich der Hörspielautor bzw. -regisseur neben der gesprochenen Sprache auch der Geräusche und der Musik; in dem Maß, in dem sich das Hörspiel von einer vorwiegend literarisch-dramatischen Form zu einem eigenständigen, experimentierfreudigen Medium entwickelt, gewinnen technische Hilfsmittel wie Blende, Schnitt, Montage und sonstige Möglichkeiten der Studiotechnik zunehmende Bedeutung, z.B. Einsatz von O-Ton (= Originalton).

In der Bundesrepublik Deutschland wurde das vorwiegend literarische Hörspiel der 50er-Jahre (I. Bachmann, G. Eich) rund zehn Jahre später vom sog. Neuen Hörspiel (Sprachspiel, Hörcollage, Klangspiel) abgelöst (E. Jandl/ F. Mayröcker: *Fünf Mann Menschen*). Der 1951 gestiftete Hörspielpreis der Kriegsblinden wird alljährlich an den Autor eines im Vorjahr von einer Rundfunkanstalt der ARD uraufgeführten Hörspiels verliehen.

Humanismus / Renaissance U. v. Hutten feiert 1518 den Humanismus seiner Zeit mit den Worten: „O Jahrhundert, o Wissenschaften! Es ist eine Lust zu leben! [...] Die Studien blühen und die Geister regen sich." Goethe wird später im *Faust* den Humanismus mit den Worten charakterisieren: „Aus der Kirche ehrwürdiger Nacht / Sind sie alle ans Licht gebracht."

Die im 14. Jh. von Italien ausgehende, sich dann bis ins 16. und 17. Jh. in ganz Europa ausbreitende Bildungsbewegung sieht im Menschen den höchsten Wert und den letzten Zweck für den Menschen. Gerichtet gegen die verstaubten, steifen Schriftgelehrten und das weltabgewandte, praxisferne Grübeln in der theologischen Scholastik verteidigt der Humanismus die Würde des Einzelnen, des Individuums. Das alte mittelalterliche Menschenbild von der leidenden, ausgemergelten, sündigen und ganz in der Gnade Gottes stehenden Kreatur wird von den Humanisten zurückgewiesen, sie verteidigen nun mehr das neue Selbstbewusstsein des schaffenden Menschen (Homo faber). Das neue Selbstwertgefühl des Individuums zeigt sich vor allem auch in der Forderung nach irdischer, statt nur himmlischer Glückseligkeit. Das neue Selbstwertgefühl des Menschen drückt sich zunächst in den literarischen Schriften von F. Petrarca, G. P. della Mirandola und G. Boccaccio (*Decamerone*, 1348–1351) aus. E. v. Rotterdam zählt mit seinem *Lob der Torheit* (1511) zu den bedeutendsten europäischen Humanisten. Seine kritische Ausgabe des *Neuen Testaments* im griechischen Urtext wird zur Grundlage für M. Luthers deutsche Bibelübertragung.

Humor (lat. humor = Feuchtigkeit, Saft; engl. humour = Laune) In der Antike galt eine gesunde Mischung der Körpersäfte als Vorbedingung für gute Stimmung. Die humorvolle Gemütsverfassung, die „das Darüberstehen, das heiter souveräne Spiel mit den Erscheinungen des Lebens“ (Th. Fontane) ermöglicht, ist zu unterscheiden von verletzendem Spott, herabsetzender → Ironie und eher derber → Komik; sie ist durch allseitiges Wohlwollen bestimmt und zeichnet oft den Weisen aus. Humor ist nicht angeboren, sondern erwächst aus Lebenserfahrung; er zeigt sich in einer distanziert-abgeklärten Haltung, die das Einzelne in größeren Zusammenhängen sehen lässt. Humorvolle Darstellungen lösen eher Lächeln als Lachen aus, jedoch nie Schadenfreude. In diesem Sinne ist Humor eine für den Poetischen Realismus des 19. Jh.s (G. Keller, W. Raabe, Th. Storm) grundlegende Haltung der Gestaltungsweise. Als Humoreske wird eine kleine humoristische Erzählung bezeichnet.

Die Bezeichnung schwarzer Humor im Zusammenhang mit schockierenden Tabuverletzungen in Wort und Bild, meist in grauenhafter Verzerrung, ist in sich widersprüchlich. Sie bezieht sich in der Literatur auf Darstellungen, die Verheimlichtes oder Verdrängtes ohne Scheu ans Licht ziehen, indem sie in oft schamloser Weise von krankhaften Abartigkeiten, Verbrechen und Schuldängsten, Wahnsinn und Tod handeln. Schwarzer Humor hat vor allem in England, sogar in der Kinderliteratur Tradition. Namhafte Autoren: E. Lear, Saki, R. Dahl, im deutschsprachigen Raum H. C. Artmann, G. Meyrink.

Hymne (griech. hymnos = Gesang, Lied) Seit Jahrtausenden ist die Hymne bzw. der Hymnus als Preislied auf Götter, Helden und Herrscher bekannt. Musikalischer Vortrag (Solo-, Wechsel- und Chorgesang) bei verschiedenen Anlässen ist seit der griechischen Antike bezeugt. Als religiöse Lobgesänge spielten Hymnen in der christlichen Tradition von Anfang an eine Rolle. Erst in der Neuzeit (nach 1500) trat zu den herkömmlichen Themen die Verherrlichung der Tugenden, der Freundschaft, der Natur, des Gefühls, der Freiheit, der Menschheit, des Vaterlandes. Die in gehobenem Stil verfasste Hymnendichtung ist „Poesie der Begeisterung“ (F. Schlegel).

Da bestimmte metrische oder strophische Vorschriften fehlen, ist die formale Gestaltung von Hymnen sehr vielfältig. Es gibt Prosa- und Versfassungen, seit dem 18. Jh. werden freie Rhythmen bevorzugt. Bedeutende Vertreter der Hymnendichtung sind Goethe (Sturm-und-Drang-Hymnen), F. Hölderlin, Novalis, W. Whitmann. Die zeitgenössische Lyrik hat parodistische Gegendichtungen hervorgebracht (R. D. Brinkmann: *Hymne auf einen italienischen Platz*).

Als Sonderform spielt die Nationalhymne nach wie vor eine Rolle im öffentlichen Leben, vor allem bei feierlichen Gelegenheiten (z. B. bei den Olympischen Spielen).

Hyperbel (griech. hyperbole = Übermaß). Durch die (maßlose) Übersteigerung des Ausdrucks in vergrößerndem oder verkleinerndem Sinne wird eine Intensivierung, Veranschaulichung oder auch Veralberung des Gemeinten erreicht. Hyperbolische Wendungen kommen in volkstümlichen und komischen Texten vor; in der Alltagssprache sind sie ebenfalls beliebt (z. B. „zum Steinerweichen").

Idylle (griech. eidyllion = Bildchen) Idyllisch im weitesten Sinne werden Darstellungen einer „heilen" Welt genannt, in der sich der Mensch in unschuldsvoller Selbstbescheidung geborgen fühlt.

Als literarische Gattung bildet die Idylle (veraltet: das Idyll) eine epische Kleinform in Versen oder Prosa in der Tradition der antiken Bukolik (= Hirtendichtung). Im 18. Jh. kam es zu einem Gegensatz zwischen antikisierender Wiederbelebung der Idyllendichtung im Geist der → Empfindsamkeit (Prosasammlung *Idyllen* von S. Gessner, 1756 und 1772) und dem Versuch ihrer Erneuerung durch realistische Milieuschilderung (Idyllen von F. Müller, gen. Maler Müller, u. a. *Der Satyr Mopsus*, 1775); beide Tendenzen sind in Goethes Epos *Hermann und Dorothea* (1797) erkennbar. Im 19. Jh. (vgl. Biedermeier) wurde die Idylle, von wenigen Ausnahmen (E. Mörike) abgesehen, trivialisiert, im 20. Jh. ironisiert.

Impressionismus Aus der Malerei entlehnter Begriff zur Bezeichnung der literarischen, antinaturalistischen Tendenz (etwa 1890–1910), die vor allem die Impression des Augenblicks – also momentane Stimmungen, flüchtige Eindrücke, sinnliche Empfindungen und veränderliche Seelenzustände –, beschreibt. Vertreten wird die philosophische Position (E. Mach), nach der dem subjektiven Ich keine Autonomie gegenüber der Welt zukommt, sondern vielmehr Ich und Welt, Subjekt und Objekt, Wahrnehmung und Wahrgenommenes nicht voneinander abgegrenzt werden können. Wichtige Autoren sind u. a. H. von Hofmannsthal, A. Schnitzler, D. von Liliencron, P. Altenberg.

Interpretation (lat. interpretatio = Auslegung) Die Erschließung eines Textes unter Beachtung seiner sprachlichen, formalen und inhaltlichen Eigenheiten dient dem vertieften Verständnis. Wenn der Gehalt nur aus dem weitgehend isoliert betrachteten Text erklärt wird, spricht man von werkimmanenter Interpretation. Diese Methode der Literaturwissenschaft konnte den Vorrang, den sie in der Nachkriegszeit hatte, nicht behaupten; heute werden für das angemessene Textverständnis wieder verstärkt Sekundärinformationen (z. B. historische, soziokulturelle, gattungsbezogene, textkritische, biografische, wirkungsgeschichtliche) herangezogen. Die historisch-philologische Ausdeutung biblischer Texte heißt Exegese.

Die Praxis der Textauslegung (in erster Linie bezogen auf biblische, juristische und poetische Texte) und deren Theorie nennt man Hermeneutik (griech. hermeuein = auslegen, übersetzen). Die verschiedenen Methoden einer verstehenden, systematisch-wissenschaftlichen Texterschließung (z. B. grammatisch, logisch, reproduktiv, wirkungsgeschichtlich, ideologiekritisch) werden von ihren jeweiligen Vertretern philosophisch begründet. Ein Grundproblem bildet der hermeneutische Zirkel, der darin besteht, dass die jeweils eigenen Voraussetzungen des Verstehens dessen Ergebnis zumindest teilweise prägen.

Inversion (lat. inversio = Umkehrung) Durch Veränderung der üblichen Wortfolge im Satz kann Wichtiges hervorgehoben werden; in lyrischen Texten dient die Inversion auch dem Wohllaut.

Beispiel:
„Spät kommt Ihr – Doch Ihr kommt!"
(Schiller: *Die Piccolomini*, I, 1)

Ironie (griech. eironeia = Verstellung) Obwohl das Gemeinte hinter einer gegenteiligen Aussage versteckt ist, rechnet der Autor damit, dass der Hörer/Leser es erkennt.

Durch scheinbare oder übertriebene Anerkennung kann die Ironie beschämen, herabsetzen oder lächerlich machen. Ironie ist unernst und dient – meist verletzend – der Kritik. In ihr kann auch zum Ausdruck kommen, dass man sich über die Zwiespältigkeit oder Begrenztheit der Verhältnisse keine Illusionen macht; dann entlarvt der Autor das Objekt seiner Darstellung bzw. den damit verbundenen Illusionismus (H. Heine) oder er behauptet sich als Subjekt gegen die erkannte Tragik durch eine distanzierte (Erzähl-)Haltung (Th. Mann). Letzteres entspricht der von A. W. und F. Schlegel definierten romantischen Ironie als „Gefühl von dem unauslöschlichen Widerstreit des Unbedingten und des Bedingten, der Unmöglichkeit und Notwendigkeit einer vollständigen Mitteilung".

Junges Deutschland oder **Vormärz** Literarische Bewegung zwischen der französischen Julirevolution von 1830 und der 48er-Revolution in Deutschland, die sich sowohl von der literarischen Klassik als auch von der Romantik und deren idealistischem Menschen- und Gesellschaftsbild distanziert. In ihren emanzipatorischen, sozial- und politikkritischen Arbeiten werden vor allem Kosmopolitismus bzw. Weltbürgertum gegen Nationalismus und gesellschaftlicher Fortschritt bzw. Sozialismus gegen konservative politische Restauration gewendet. Erklärtes Ziel der Bewegung ist die Befreiung des Menschen von staatlichen Repressalien, moralischer Gängelei und religiösen Verpflichtungen. Nach dem 1835 durch den Deutschen Bundestag verhängten Veröffentlichungsverbot werden Autoren wie H. Heine, L. Börne, H. Laube und K. Gutzkow ins Exil getrieben. Die Lyrik wird vor allem von G. Herwegh und G. Weerth als Mittel der politischen Agitation und insofern als „Vorläuferin der Tat" betrachtet. Aber auch der Roman und die Novellistik werden im politischen Kampf eingesetzt. So engagiert sich beispielsweise K. Gutzkow mit seinem Roman *Wally, die Zweiflerin* für die Emanzipation der Frau.

Kabarett (franz. cabaret = Schenke) Aus den Kneipen der Bohémiens und Künstler in Paris entwickelten sich seit 1880 allmählich als feste Unternehmen Kleinkunstbühnen mit Programmen aus zeit- und sozialkritischen sowie erotischen Chansons, Pantomimen und Sketchen (engl. scetch = Skizze, Stegreifstudie, kleine witzige Bühnenszene). Die ersten Kabaretts in Deutschland waren „Überbrettl" und „Schall und Rauch" (beide in Berlin) sowie „Elf Scharfrichter" (München), die alle drei 1901 eröffnet wurden. Zu den Autoren, die in den ersten drei Jahrzehnten deutscher Kabarettgeschichte für Kleinkunstbühnen gearbeitet haben und z. T. selbst aufgetreten sind, gehören B. Brecht, E. Kästner, Klabund, W. Mehring, Ch. Morgenstern, J. Ringelnatz, K. Tucholsky und F. Wedekind. Das Kabarett besaß wesentlichen Anteil an der Erneuerung der → Ballade sowie an der Entfaltung der sog. Gebrauchslyrik.

Kalendergeschichte Die Entstehung gedruckter Volkskalender, die – neben dem freien Raum für Notizen – zunächst nur Informationen, Ratschläge und Prognosen für die Alltagspraxis enthielten (z. B. astronomische Daten, Wetterregeln, Rezepte, wirtschaftliche und medizinische Hinweise, astrologische Angaben), hängt mit der Erfindung der beweglichen Lettern durch J. Gutenberg um 1445 zusammen. Erst um 1570 wurde der Kalender um historische und geografische Zusätze, die der Belehrung und Unterhaltung dienten, erweitert; Wundergeschichten, Sensationsberichte und „Geschichten zur Geschichte" (J. Knopf) traten hinzu. Das dreiteilige Schema Kalendarium, Praktika, historiografische Literatur wurde bis ins 19. Jh. beibehalten. Besonders bekannt gewordene Volkskalender sind *Der Rheinländische Hausfreund* (1808–1811 hg. von J. P. Hebel) und *Lahrer Hinkender Bote* (1801 bis heute). Die Bezeichnung Kalendergeschichte ist erst seit etwa 1850 gebräuchlich. Die formal vielgestaltigen Texte (Anekdoten, Schwänke, Legenden, Parabeln, sogar Novellen, dagegen kaum Märchen) sind überschaubar und fast ausschließlich in Prosa verfasst. In der Regel sind sie dialogisch aufgebaut, haben volkstümliche Züge und verfolgen lehrhafte Absichten. Häufig tritt der Erzähler („Kalendermann“) in Erscheinung. Eine Nutzanwendung ist oft ausdrücklich angefügt.

1811 erschienen erstmals 128 ausgewählte Kalendergeschichten Hebels (*Schatzkästlein des Rheinischen Hausfreundes*). Zu den namhaftesten Autoren, die entweder für bestimmte Volkskalender geschrieben oder ihre Texte lediglich als Kalendergeschichten bezeichnet haben, gehören außerdem Grimmelshausen, J. Gotthelf, B. Brecht und O. M. Graf.

Karikatur (ital. caricare = überladen, übertreiben) In Zeichnungen und Texten werden durch Zerrbilder (Übertreibung hässlicher oder ärgerlicher Einzelheiten) Situationen oder Vorgänge, meist jedoch Personen lächerlich gemacht. Das Ziel der ironisch-witzigen bis bösartigen Bloßstellung besteht darin, durch eine den Wahrnehmungsgewohnheiten widersprechende Darstellung Aufmerksamkeit zu erregen und Denkanstöße für eine kritische Beurteilung zu geben. Die literarische Karikatur ist an keine bestimmte Gattung gebunden (vgl. Satire).

Klapphornvers Der übermütige, zu Wortspielereien und Nonsens neigende Vierzeiler mit Paarreimen wird auf ein 1662 entstandenes Gedicht von F. Daniel zurückgeführt, dessen Eingangszeile zu spaßigen Abwandlungen in serienmäßiger Herstellung reizte. Seit 1878 mit entsprechenden Zeichnungen in den Münchner *Fliegenden Blättern* veröffentlicht und später vertont, dienen Klapphornverse heute vor allem der Kinderbelustigung.

Beispiel

„Zwei Knaben gingen durch das Korn,
Der andere blies das Klappenhorn.
Er konnt es zwar nicht ordentlich blasen,
doch blies er's wenigstens einigermaßen.“
(F. Daniel)

Klimax (griech. Leiter) Zur Steigerung der Wirkung können Wörter, Wortgruppen oder Sätze so aneinander gereiht werden, dass die Aussage stufenweise immer bedeutsamer, schwerwiegender wird. Diese Redefigur (vgl. Rhetorik) wird Klimax oder auch Gradation genannt.

Beispiel:

„Geld verloren – etwas verloren! Ehre verloren – viel verloren! Mut verloren – alles verloren!“
(Goethe)

Die Abstufung in entgegengesetzter Weise heißt Antiklimax.

Beispiel:

„Doktoren, Magister, Schreiber und Pfaffen ...“
(Goethe: *Faust I*)

Knittelvers Dieser deutsche Vers (auch als Knüttel-, Knüppel-, Klüppel- bzw. Klippelvers bezeichnet oder kurz Knittel genannt) kommt seit dem 15. Jh. in der Dramatik, Epik und Lyrik vor. Er besitzt meistens Paarreime (vgl. Reim) und hat vier Hebungen, die aber unterschiedlich gefüllt sind; mitunter fehlt die Senkung zwischen zwei Hebungen ganz. Der kraftvolle bis biedere Knittelvers wirkt holprig, wenn keine Rücksicht auf die sinntragenden Silben genommen wird und das Gefühl für Sprachrhythmus fehlt. Wegen seiner Schwerfälligkeit seit dem 17. Jh. belächelt, fand er einerseits Eingang in satirisch-parodistische oder komische Texte, lebt aber auch in naiv-volkstümlicher Literatur fort. Andererseits wurde er (nach dem Vorbild von H. Sachs) z. B. von Goethe sowie von Dramatikern des 20. Jh.s (H. v. Hofmannsthal: *Jedermann*, 1911) geschätzt.

Beispiel:

„O sähst du, voller Mondenschein,
Zum letzten Mal auf meine Pein,
Den ich so manche Mitternacht
An diesem Pult herangewacht“
(Goethe: *Faust I*)

Komik (griech. komos = Umzug nächtlicher Zecher mit Musik, dörfliches Fest) Allgemein das zu meist lebhafter Erheiterung führende Missverhältnis von Sein und Schein, Erwartetem und Unerwartetem. Der Widerspruch kann offensichtlich sein oder plötzlich zutage treten: Im Lachen wird das Unbehagen überwunden. Im Gegensatz zum → Humor ergibt sich Komik vielfach aus Ereignissen: Durch das Zusammentreffen überraschender, nicht zusammenpassender und wertverschiedener Momente in einer im Grunde alltäglichen, nun jedoch „aus den Fugen geratenen" Situation entsteht Situationskomik. Zwar ist Komik nicht an eine der literarischen Gattungen gebunden, doch ist sie vor allem den dramatischen Darstellungsformen wesensgemäß (vgl. Komödie).

Kommentar (lat. commentarius = Notizsammlung, Denkschrift) In Presse, Rundfunk und Fernsehen nimmt der Kommentator zu tagespolitischen Ereignissen Stellung. Der in der Regel weiter gespannte und umfangreichere Leitartikel einer Zeitung, vielfach auf der ersten Seite platziert, stammt oft vom Chefredakteur und gibt die Meinung/Richtung des Blattes zu erkennen.

In der Literaturwissenschaft versteht man unter Kommentar fortlaufende Erläuterungen, die sich auf Sprache und Inhalt beziehen. Sie haben als Anmerkungen die Form von Fußnoten oder sind im Anhang enthalten. Kommentierte Werkausgaben sind mit wissenschaftlichen Kommentaren versehen.

Komödie (griech. komos = Umzug nächtlicher Zecher mit Musik, ode = Gesang) Im Gegensatz zur → Tragödie ist die Komödie als zweite Grundform des → Dramas vom Bewusstsein der Relativität aller Lebensverhältnisse geprägt. Sie neigt dazu, „überall mehr Zufall als Schicksal zu finden und mehr über Ungereimtheit zu lachen als über Bosheit zu zürnen oder zu weinen" (Schiller). Die Handlung ergibt sich vielfach aus einem nur scheinbaren Konflikt, der zumeist durch menschliche Schwächen hervorgerufen wird. Das wesentliche Gestaltungsmittel der Komödie bildet die beispielsweise durch unangemessene oder unfreiwillige Verhaltensweisen bewirkte → Komik. Allerdings ist die Komödie nichts weniger als „harmlose" Unterhaltung. Vielmehr besitzt sie seit ihren Anfängen in der griechischen Antike zu Beginn des 5. Jh. v. Chr. zeit- und gesellschaftskritische Intentionen (Aristophanes), die von Epoche zu Epoche mehr oder weniger unmittelbar ausgeprägt sind.

In formaler wie inhaltlicher Hinsicht lassen sich verschiedene Einzelgattungen der Komödie unterscheiden. Die Typenkomödie verzichtet weitgehend auf Individualisierung und psychologische Erhellung der handelnden Personen (vgl. Commedia dell'arte). Die Charakterkomödie entwickelt den dramatischen Konflikt zumeist aus der einseitigen Überbetonung einer bestimmten Charaktereigenschaft (z. B. des Ehrgefühls in G. E. Lessings *Minna von Barnhelm*, 1767). Die durch Situationskomik gekennzeichnete Situationskomödie spinnt ein Netz aus Verwicklungen und Verwechslungen; sie ähnelt hierin der Intrigenkomödie.

Der Komödie verwandte Formen des komischen Dramas sind die Burleske (ital. burlesco = scherzhaft) als zumeist derbe Verspottung menschlicher Eigenheiten und die Posse, in deren Mittelpunkt die lustige bzw. komische Person (z. B. der Hanswurst) steht; ihre sozialkritische Ausprägung fand die Posse durch J. N. Nestroy (*Der Talisman*, 1840). Vgl. auch Mittelalter/Fastnachtsspiel.

Seit der 1. Hälfte des 16. Jh.s ist im Deutschen neben Komödie die weitgehend gleichbedeutende Bezeichnung Lustspiel gebräuchlich. Mitunter wird zwischen volkstümlich-komischer Komödie und gehoben-humorvollem Lustspiel unterschieden.

Lange Zeit dienten Komödie, Komödienhaus und Komödianten als generelle Bezeichnungen für das Theaterspiel, das Theatergebäude und die Schauspieler; so führten etwa die seit Ende des 16. Jh.s in Deutschland als Berufsschauspieler(-Truppen) auftretenden englischen Komödianten durchaus auch ernste Stücke (z. B. Tragödien Shakespeares) auf.

Konflikt (lat. confligere = feindlich zusammenstoßen) Widerstreitende Kräfte (unterschiedliche Wünsche, Interessen, Absichten, Wertvorstellungen) gehören zum Wesen des Dramatischen (vgl. Drama). Sind die Gegensätze auf verschiedene Personen bzw. Parteien verteilt und kommt es hierdurch zum sichtbaren Zusammenstoß, besteht oder ergibt sich ein äußerer Konflikt. Spielt sich der Kampf im Inneren einer Person ab, indem sich z. B. Pflicht und Neigung oder zwei Neigungen gegenseitig ausschließen, ergibt sich ein innerer Konflikt. Während die Widersprüche in der → Tragödie fast immer unversöhnlich sind und den Helden scheitern lassen, werden in der → Komödie oft nur Scheinkonflikte ausgetragen, die sich am Ende in Wohlgefallen auflösen.

konkrete Poesie (lat. concretus = gegenständlich) 1953 übertrug E. Gomringer die Bezeichnung „konkret" im Sinne von „autonom, ohne Nachahmungsfunktion" von der abstrakten (gegenstandslosen, seit etwa 1930 auch konkret genannten) Malerei auf literarische Experimente mit sprachlichen Grundelementen: Buchstaben, Silben und Wörter werden aus dem üblichen semantischen und syntaktischen Verwendungszusammenhang herausgelöst und zu „Kombinationen" oder „Konstellationen" zusammengefügt.

Bei dieser experimentellen Verwendung von Sprache als Material kann ein Bedeutungsgehalt fehlen. Als Beispiel mögen folgende Abzählverse dienen: „Enchen denchen dittchen dattchen / sibeti bibeti bottchen battchen / sibeti bibeti buff." Sprache wird hier auf ihre Lautfunktion eingeengt; der Text muss gesprochen / gehört werden, soll er voll zur Wirkung gelangen. Dies gilt auch für E. Jandls hintergründige Lautgedichte (*Laut und Luise*, 1963, erschienen als Buch und als Schallplatte), die zur akustischen Dichtung zählen. Werden die optischen Eigenschaften der Schrift zum primären Gestaltungsmittel, entstehen Sehgedichte. Diese visuelle Poesie ordnet Buchstaben, Silben und Wörter zu bildhaften Strukturen. Als Vorform kann das Ideogramm bzw. Bildwort verstanden werden, das im 17. Jh. als Figurengedicht zur Blüte gelangte.

Beispiele für Ideogramme, wie sie schon Lese- und Schreibanfänger erfinden können:

G R   B E   T
*   U   U*
R
M

K
R
K R E U Z
U
Z

Die konkrete Poesie besitzt Vorformen im 19. Jh. und erreichte ihren ersten Höhepunkt schon vor ihrer heutigen Benennung im → Dadaismus (H. Arp, H. Ball, K. Schwitters). Zu den Hauptvertretern der neueren konkreten Poesie gehören neben E. Jandl E. Gomringer, H. Heißenbüttel, F. Mayröcker und F. Mon.

Kontext (lat. contextus = Verknüpfung) Wörter, Sätze oder Textabschnitte bzw. -passagen stehen in einem Zusammenhang wechselseitiger Beziehungen mit dem textlichen Umfeld, das als Kontext bezeichnet wird; wer sie losgelöst betrachtet (z. B. als Zitat), verfehlt möglicherweise den beabsichtigten Sinn. Darüber hinaus können die → Gattung, die Biografie des Autors, seine Epoche den für das Verständnis eines Textes zu berücksichtigenden Kontext bilden.

Kriminalliteratur (lat. crimen = Verbrechen) Verbrechen sowie ihre Aufdeckung und Sühne sind seit jeher ein Thema der Literatur. So brachten z. B. die altgriechischen Tragödien Kriminalfälle zur Darstellung: Gatten- und Muttermord (*Orestie*-Trilogie von Aischylos), Vatermord und Inzest (*König Oidipus* von Sophokles). Die neuzeitliche Kriminalliteratur hat sich seit dem 18. Jh. in Verbindung mit der Verwissenschaftlichung der Kriminalistik und der Dokumentierung von Kriminalfällen in Form von Prozessakten entwickelt. Zu den Kriminalautoren der deutschen Literatur des 18. und 19. Jh.s gehören Schiller (*Der Verbrecher aus verlorener Ehre*, 1786 bzw. 1792), E. T. A. Hoffmann (*Das Fräulein von Scuderi*, 1820) und Th. Fontane (*Unterm Birnbaum*, 1885).

Die vielfältige (epische, dramatische, selten lyrische) Kriminalliteratur gliedert sich in zwei Haupttypen: Entweder ist der Leser / Zuschauer Zeuge der Vorgeschichte bzw. Vorbereitung eines Verbrechens und seiner Durchführung und bildet insofern den Mitwisser. Oder er nimmt als zunächst Unwissender an der Aufdeckung eines Verbrechens teil und steht im Prinzip vor derselben Aufgabe wie die als Ermittler handelnden Personen.

Zum letzteren Typus gehören der Detektivroman und die Detektiverzählung (lat. detegere = enthüllen, engl. detect = aufdecken, ermitteln). Den Prototyp des Detektivs als scharfsinnigen Analytiker hat E. A. Poe mit der Gestalt des Auguste Dupin geschaffen (*The Murders in the Rue Morgue*, 1841, dt. 1875), nach dessen Vorbild die klassischen Detektive entstanden sind: Sherlock Holmes und Dr. Watson (A. C. Doyle), Hercule Poirot sowie Mrs. Marple (A. Christie), Lord Peter Wimsey (D. Sayers). Bildet hier das aufzuklärende Verbrechen eine „Denksportaufgabe", so zeichnet sich die ab etwa 1940 entstandene amerikanische und französische Kriminalliteratur durch sozialen Realismus aus, wobei die Aufdeckung des Verbrechens zugleich gesellschaftliche Missstände zum Vorschein bringt; Ermittler wie R. Chandlers Privatdetektiv Philip Marlowe, G. Simenons Kommissar Maigret oder der Inspektor Martin Beck der schwedischen Autoren M. Sjöwall / P. Wahlöö verbinden sozialpsychologisches Einfühlungsvermögen mit gesellschaftskritischer Grundhaltung. Weltanschauliche Elemente (Kritik am rationalen Weltbild) sind in F. Dürrenmatts Kriminalliteratur enthalten (*Der Richter und sein Henker*, 1952; *Der Verdacht*, 1951/52; *Das Versprechen*, 1958).

Das für die neuere Kriminalliteratur grundlegende Verständnis des Verbrechens als gesellschaftliches Symptom wird vielfach durch das Streben nach spannender Darstellung überformt (vgl. Roman, Trivialliteratur); sie dominiert beim Thriller (engl. thrill = erschauern). Eine Sonderform ist die Spionageliteratur, die oft politische Verhältnisse thematisiert.

Neuerdings wird zwischen Verbrechensliteratur (= Kriminalliteratur im weiteren Sinne) und der eigentlichen Kriminalliteratur (= Oberbegriff zu Detektivroman/-erzählung und Thriller) unterschieden.

Kurzgeschichte Unter den Bedingungen der Nachkriegszeit hat sich diese Kleinform (vgl. Epik) „als ein Stück herausgerissenes Leben" zu „einem der sensibelsten Seismografen der sozialen, politischen und allgemein menschlichen Verhältnisse herausgebildet" (W. Schnurre). Kennzeichnend sind die illusionslose Grundhaltung, einfache Sprache, Verknappung der Handlung, Perspektive der Außenseiter der Gesellschaft. Die von W. Borchert, H. Böll, I. Aichinger, G. Eich, W. Schnurre geprägte Kurzgeschichte gehört zur „Trümmerliteratur" (vgl. Gruppe 47 / Trümmerliteratur).

Wesentliche Anregungen gingen von der amerikanischen Shortstory (= kurzen Geschichte) aus, deren Entwicklung sich bis in die 1. Hälfte des 19. Jh.s zurückverfolgen lässt. Ihre Merkmale (Kürze, wirkungsvolle, realitätsnahe Sprache, in der Regel typisierte Gestalten) lassen sich z. T. vom Leseverhalten der Zeitungs- und Zeitschriftenleser herleiten. Als Vermittler wirkte E. Hemingway, der in Deutschland ab 1947 verlegt wurde.

Mitte der 60er-Jahre verdrängten Bezeichnungen wie Erzählung, Prosatext, auch Alltagskurzgeschichte, Umweltgeschichte und kurze Geschichte den Terminus Kurzgeschichte, weil das Dokumentarische, das protokollartige Darstellen alltäglich gelebter Wirklichkeit und das Unbehagen an der inzwischen wieder eingetretenen Normalität die Nachkriegsverstörtheit abgelöst hatte und die Merkmalsbeschreibungen der „klassischen" Kurzgeschichte auf die neueren Texte nicht mehr zutrafen. Die in diesem Zusammenhang entstandene Bezeichnung Kürzestgeschichte hat sich in der Literaturwissenschaft nicht durchgesetzt, obwohl sie von Autoren wie G. Grass und H. v. Doderer seit etwa 1955 verwendet worden ist. Gemeint sind Texte mit extremer Verknappung, mitunter auf einen einzigen Satz, die das Modell einer möglichen Geschichte bilden (K. H. Spinner). Man könnte von einer parabelähnlichen, manchmal fast lehrhaften, experimentellen Prosa sprechen, die meistens realistisch (darin der Anekdote ähnlich), aber selten belustigend auf Probleme des Zusammenlebens abzielt.

Beispiel:
„Meine Hausmeisterin hat sich von ihrem Mann scheiden lassen, was insofern eine gewisse Erleichterung für mich bedeutet, als jenem die Kragen-Nummer mit mir gemeinsam war. Seit jedoch ihr neuer Freund draufgekommen ist, dass man im Sommer die Hemden auch offen tragen könne, sind schon wiederum zwei neue seidene, die ich erst kürzlich in Gebrauch nahm, in der Waschanstalt verloren gegangen."
(H. v. Doderer: *Unser Zeitalter*, 1955)

Lautmalerei Die sprachlichen Laute wecken bestimmte Empfindungen, z.B. die „hellen" Vokale e und i, die „dunklen" Vokale o und u, die sich mit Farbvorstellungen verbinden können. Die Abfolge bestimmter Vokale und Konsonanten bewirkt die Anschaulichkeit und Eindringlichkeit z.B. der Geräuschwörter knallen, meckern, klingeln, poltern, summen; ebenso ergeben sich lautliche Entsprechungen zu taktilen oder optischen Sinneswahrnehmungen (scharf, weich, spitz, grell). Die (unwillkürliche) Verwendung der lautlich-sinnlichen Eigenschaften der Sprache dient in der Dichtung als Ausdrucksmittel und kann zu Wortneubildungen führen, sei es in der Kinderlyrik, sei es in der akustischen Dichtung (vgl. konkrete Poesie).

Mit den aus dem Griechischen hergeleiteten Fachbegriffen Onomatopöie bzw. Onomatopoesie werden klangmalende Wortneubildungen bezeichnet.

Beispiel für die lautmalende Vergegenwärtigung einer bestimmten Atmosphäre:
„Da pfeift es und geigt es und klinget und klirrt,
da ringelt's und schleift es und rauschet und wirrt,
da pispert's und knistert's und flistert's und schwirrt; (...)
Nun dappelt's und rappelt's und klappert's im Saal (...)"
(Goethe: *Hochzeitslied*)

Legende (lat. legendum = das zu Lesende) In der christlichen Tradition (auch im Buddhismus und im Islam) spielen Geschichten über Heilige, deren im Ganzen oder im Einzelnen vorbildliche Lebensführung Bewunderung und Nachahmung bewirken soll, eine Rolle. Legenden erinnern – unter Betonung wunderbarer Ereignisse – an den irdischen Lebenswandel der Leitbildfiguren (neben Jesus und Maria sind das in der christlichen Legendendichtung die Apostel, Märtyrer und Ordensstifter). Ursprünglich wurden sie an den Heiligen-Gedenktagen (Todestag) in Kirchen oder Klöstern vorgelesen, gewissermaßen als „Heldendichtung des Gottesstaates" (Ehrismann). In volkstümlicher Darstellung gehört die Legende zu den einfachen Formen (vgl. Epik); daneben gibt es kunstvolle, auch gereimte Fassungen, und zwar bis in die Gegenwart hinein. Eine wichtige Sammlung ist die *Legenda aurea* des Jacobus de Voragine (13. Jh.). Eine parodistische Grundstimmung herrscht in G. Kellers Neufassung tradierter Legenden als „erotisch-weltliche Historie" vor (*Sieben Legenden*, 1872).

Als Legende bezeichnet man auch den erklärenden Text in einer Landkarte oder zu einer Abbildung (Bildunterschrift).

Lied Das meist gereimte, aus mehreren Strophen (oft mit Refrain) bestehende und zum Singen geeignete Gedicht wird auch dann als Lied bezeichnet, wenn es (noch) nicht vertont ist (Beispiel: S. Kirsch: *Schneelied*). Es zeichnet sich im Ton durch Unmittelbarkeit und Schlichtheit aus und wird daher mitunter als „reinster Ausdruck des Lyrischen" (G. v. Wilpert) verstanden. Die Parataxe (vgl. Stil) herrscht vor, Zeilensprünge (vgl. Enjambement) sind selten. Das Singen bestimmter Lieder ist oft an einen vorgegebenen Rahmen oder an bestimmte Gelegenheiten gebunden; Beispiele hierfür sind das Ständelied (Bauern-, Bergmanns-, Handwerks-, Soldaten-, Studentenlied), das Tanz- und Trinklied, ferner das Wanderlied und das Wiegenlied. Die Herkunft aus dem Kultischen zeigt sich noch deutlich beim geistlichen Lied, das als Kirchenlied der Reformation und der Gegenreformation bis heute im christlichen Gottesdienst fortlebt.

Die Bezeichnung Volkslied geht auf J. G. Herder zurück. Zu dieser Gattung zählt vornehmlich das lange Zeit nur mündlich verbreitete Liedgut, das im 18./19. Jh. gesammelt worden ist. Dass Volkslieder keine Gemeinschaftsdichtung des Volkes, sondern abgesunkene Individualdichtungen (mit allerdings unbekannten Verfassern und Komponisten) sind, hat die moderne Forschung nachgewiesen. Die Volksliedstrophe hat oft vier Zeilen mit drei bis vier Takten („Wenn alle Brünnlein fließen / ...", „Ich hört' ein Sichlein rauschen / ..."). Die leicht einprägsame Melodie zeigt, im Gegensatz zum Text, kaum Abwandlungen. Die inhaltliche Sprunghaftigkeit geht oft darauf zurück, dass das Lied „zersungen" worden ist. Häufige Themen sind Liebe, Abschied, Tod. Herder sowie A. v. Arnim / C. Brentano haben in ihre berühmten Volksliedsammlungen (vgl. Anthologie) auch im Volksliedton verfasste Gedichte aufgenommen (Goethes *Heiderös-lein*, M. Claudius' *Abendlied*), die heute als volkstümliche Lieder gelten und im Falle einer Vertonung zu Kunstliedern geworden sind.

Den Song (engl. Lied) kennzeichnet der wirkungsvoll vorgetragene Text (oft von Instrumenten begleiteter Sprechgesang); er bringt Aktuelles mit zumeist sozialkritischer Absicht zur Sprache, wobei es gelegentlich zur Verwendung des Moritatenstils kommt (vgl. Ballade). Ausgeprägten politischen Charakter hat der Protestsong (W. Biermann, F. J. Degenhardt). Sein kämpferischer, mitunter revolutionärer Geist äußert sich in einer direkten Sprache, die keine Tabus kennt; refrainartige Wiederholungen sollen sich dem Gedächtnis einprägen. Der amerikanische Gospelsong bzw. das Spiritual ist dagegen das geistliche Lied der Schwarzen. Es geht auf Hymnen zurück und zeichnet sich durch starke Rhythmik aus. In Dramen B. Brechts und seiner Nachfolger bilden Songs kommentierende Gesangseinlagen, die in ihrer dramaturgischen Funktion dem Couplet beispielsweise des Wiener Volkstheaters entsprechen. Die Gesangsdarbietung im → Kabarett und entsprechende Formen des inhaltlich anspruchsvollen populären Liedes werden als Chanson (franz. Lied, ursprünglich ein volksliedhaftes Liebeslied) bezeichnet.

Als moderne Form des Volkslieds lässt sich der Schlager betrachten, der zum (auf allen Gassen gesungenen und gepfiffenen) Gassenhauer werden kann; die Bezeichnung stammt aus dem 16. Jh. und bezieht sich ursprünglich auf Nachtbummler und deren Lieder.

Limerick Der gereimte Fünfzeiler wurde in der irischen Stadt Limerick erfunden. Der formelhafte Anfang „There was an Old Man (a Young Lady) ...", das verbindliche Reimschema a a b b a sowie die Versstruktur

da(da)	*di*	*dada*	*di*	*dada*	*di da*
da	*di*	*dada*	*di*	*dada*	*di(da)*
		dada	*di*	*dada*	*di*
		dada	*di*	*dada*	*di*
da(da)	*di*	*dada*	*di*	*dada*	*di*

begünstigten die serienmäßige Herstellung. Jahrhundertelang sollen die kurzlebigen, nur mündlich verbreiteten Strophen als Gemeinschaftswerke entstanden sein; das Verseschmieden war ein beliebtes Gesellschaftsspiel. Anonyme Drucke sind erstmals um 1820 nachweisbar. Der englische Nonsensdichter E. Lear (1812–1888) verband die Limerick-Form mit grotesken, oft makabren Inhalten und veröffentlichte seine mit eigenen Zeichnungen versehenen Texte in mehreren Sammlungen (1844, 1871). In den letzten Jahrzehnten fanden Limericks auch in Deutschland Anklang. Als Lear-Übersetzer haben sich H. C. Artmann, H. M. Enzensberger und J. Guggenmos hervorgetan.

In der ersten Zeile werden immer die Hauptperson(en) und ihr Herkunftsort genannt; dann folgen ihre absonderlichen Gewohnheiten oder Handlungen, die meist Reaktionen in der Umwelt hervorrufen. Nicht alle Texte enden mit einer Pointe. Oft wird die Eingangsformel in der Schlusszeile abgewandelt.

Beispiel (Lear/Enzensberger):

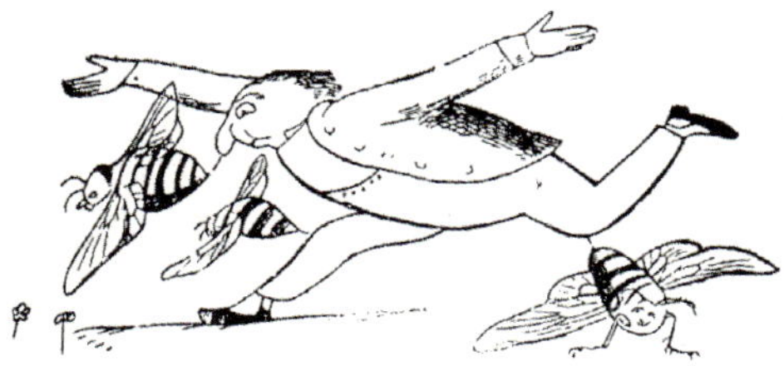

Dieser ältere Onkel aus Krefeld
lustwandelte durch ein Kleefeld,
wo ihn wilde Hornissen
erbärmlich zerbissen,
den wehrlosen Onkel aus Krefeld.

Literatur (lat. litteratura = Buchstabenschrift) Im weiteren Sinne umfasst Literatur das gesamte Schriftgut unabhängig von Inhalt, Umfang und Qualität der Texte; diese Bedeutung herrscht heute vor.

Das Bibliothekswesen unterscheidet die vorrangig informierende, aufklärende und fachlich orientierende Sachliteratur von der nicht zweckgebundenen Unterhaltungsliteratur (vgl. Belletristik), die in der Dichtung (Poesie, Literatur im engeren Sinne) zum Sprachkunstwerk wird. In der Literaturwissenschaft hat sich neuerdings die Zweigliederung in fiktionale (erdachte, auf Erfindung beruhende) und nichtfiktionale Texte durchgesetzt. Der vielgestaltige Bereich der expositorischen Literatur (lat. exponere = darlegen), die in erster Linie Gebrauchszwecken dient, ist den nichtfiktionalen Texten zuzurechnen; mitunter dient hierfür auch die Bezeichnung pragmatische Literatur.

Stärker vom Selbstverständnis des Autors bestimmt ist die Unterscheidung zwischen engagierter Literatur (franz. poésie engageé, J.-P. Sartre 1945) und reiner Dichtung (franz. poésie pure). Während der engagierte Schriftsteller zeitkritisch und gesellschaftspolitisch Stellung bezieht (bei allzu aufdringlicher Belehrungsabsicht spricht man in abwertendem Sinne von Tendenzliteratur), verteidigt der Anhänger einer (nach eigener Einschätzung) ideologie- und zweckfreien Literatur die „Kunst um der Kunst willen“ (franz. l'art pour l'art, V. Cousin 1836, vgl. Fin de siècle, Symbolismus), wobei es zu einer Überbewertung formaler Aspekte, im Extremfall zu bloßer Formspielerei kommen kann. Der Ausdruck Erbauungsliteratur, bezogen auf moralisierende Texte ohne kritischen Ansatz, hat heute einen negativen Klang. Dies trifft nicht zu für die Lehrdichtung, die in einem aufklärerischen Sinne nützlich sein will und auf Erkenntnisgewinn zielt (oft durch Beispielgeschichten).

Der Name Undergroundliteratur (= Untergrundliteratur) spielt auf besondere Entstehungsbedingungen und Verbreitungsformen an, die nicht nur, wie z. B. bei den im Selbstverlag erschienenen Samisdat-Schriften in der UdSSR, politische Gründe haben müssen. Hinweise auf die Zielgruppe gibt die Bezeichnung Kinder- und Jugendliteratur (übliche Abkürzung KJL). Das inhaltlich und formal äußerst bunte Bild- und Textangebot verfolgt die unterschiedlichsten Absichten und erreicht stellenweise künstlerischen Rang.

Vgl. auch Neue Sachlichkeit, Trivialliteratur.

Lügendichtung Nicht jede fantastische oder märchenhafte Geschichte gehört zur Lügendichtung. Als Prototyp können die Münchhausiaden gelten (1. Veröffentlichung 1781, 1785 Übersetzung ins Engl., Bearbeitungen von G. A. Bürger *Wunderbare Reisen zu Wasser und zu Lande, Feldzüge und lustige Abenteuer des Freiherrn von Münchhausen* 1786 und 1788). Der Zuhörer/Leser wird hier absichtlich angeführt, und zwar auf höchst unterhaltsame Art. Der offensichtliche Widerspruch zur Wirklichkeitserfahrung hat erheiternden Charakter. Dies gilt auch für die oft haarsträubenden Kapitänsgeschichten, in denen „Seemannsgarn“ gesponnen wird, oder für das „Jägerlatein“, ferner für Erzählungen vom „Schlaraffenland“. Die Umkehrung der Verhältnisse ins Unglaubliche bzw. Unglaubhafte hat in der Lügendichtung spielerischen Charakter. Hiermit kann die Absicht verbunden sein, den Wahrheitsanspruch dichterischer Fiktionen in Frage zu stellen.

Lyrik (griech. lyra = Leier) Die Lyrik besitzt ihren musikalischen Ursprung im kultischen Gesang mit Leierbegleitung; mythische Urgestalten des Sängers (= Lyrikers) sind Apollon und Orpheus. Als eine der drei literarischen → Gattungen wird die Lyrik als subjektivste Aussageweise (Erlebnisdichtung) eingestuft, was zwar weitgehend für Liebes- und Naturgedichte, jedoch nicht durchgängig gilt. So zeichnet sich die Gedankenlyrik durch verstandesmäßig abwägende, gelegentlich philosophische Argumentation aus, während die politische Lyrik (patriotisch oder zeitkritisch) meist tendenzhaft ist.

Mit der Versepik und dem Versdrama hat die Lyrik die gebundene Sprache gemeinsam (vgl. Metrum, Reim, Refrain, Strophe, Vers); eine Ausnahme bildet das Prosagedicht (vgl. Prosa). Spezifische Merkmale der Lyrik sind Bild- und Klanghaftigkeit, Konzentration sowie Assoziationsreichtum.

Wenn ein Gedicht Gefühle oder Betrachtungen in der Ichform zum Ausdruck bringt, liegt der Trugschluss nahe, hier komme der Autor unmittelbar zur Sprache. In Wirklichkeit handelt es sich um ein lyrisches Ich. Die Unterscheidung zwischen dem Autor und dem in Ichform Redenden wird beim Rollengedicht (Rollenlied) zumeist durch den Titel markiert (E. Mörike: *Das verlassene Mägdlein*) oder ergibt sich aus dem Inhalt (Der von Kürenberg: *Ich zôch mir einen valken*, dargestellt aus der Sicht einer Frau). Die Rollenlyrik, häufig mit der Liebesthematik verbunden, kommt schon in der Antike vor und war im Minnesang (vgl. Mittelalter), in der Schäferdichtung des → Barock und des Rokoko sowie in der Erlebnislyrik des 18./19. Jh.s besonders beliebt.

Die Charakterisierung eines Textes als lyrisch meint einen bestimmten (empfindsamen, feinfühligen) Grundton, der auch in der Dramatik und Epik vorkommen kann.

Zu den verschiedenen Formen der Lyrik bzw. des Gedichts vgl. Ballade, Distichon, Elegie, Hymne, Lied, Meistersang und Ode sowie Haiku, Klapphornvers und Limerick.

Märchen (mhd. maere = Kunde, Bericht) Das lange Zeit hindurch mündlich überlieferte und daher dauernd abgewandelte Volksmärchen diente ursprünglich der Unterhaltung von Erwachsenen. Es spiegelt kulturgeschichtliche Entwicklungsstufen von matriarchalischen Gesellschaftsformen bis zur frühbürgerlichen Emanzipation (*Das tapfere Schneiderlein*) und hat seine uns durch die im 18. Jh. einsetzende schriftliche Fixierung vertraute Form vielfach erst im 17./18. Jh. erhalten. Die breiteste Wirkung gewann die Sammlung *Kinder- und Hausmärchen* (1812 und 1815) der Brüder J. und W. Grimm, die allerdings eine von Ausgabe zu Ausgabe fortschreitende Bearbeitung im Sinne des von W. Grimm entwickelten „Märchentons" aufweist; zugleich begründeten die Brüder Grimm die zunächst volkskundliche Märchenforschung, die heute ein breites methodisches Spektrum von tiefenpsychologischen bis kriminologischen Fragestellungen aufweist.

Als einfache Form (vgl. Epik) besitzt das Volksmärchen bestimmte unverwechselbare Merkmale: Unbestimmtheit von Raum- und Zeitangaben („Es war einmal ..."); sprechende Tiere und Pflanzen; Fantasiewesen wie Riesen und Zwerge, Hexen, Zauberer und (gute oder böse) Feen; wunderbare Ereignisse inmitten des Alltäglichen; Wiederholungsstruktur (z. B. drei zu lösende Rätsel oder sonstige Aufgaben). Im Mittelpunkt steht vielfach ein Held, der sich aus seiner anfänglichen Benachteiligung (er ist z. B. ein Stiefkind, der Jüngste, der Dümmste) befreit bzw. von Helfern befreit wird und zu Glück und Wohlstand gelangt. Neben dieser optimistischen kann im Märchen auch die entgegengesetzte Weltsicht herrschen (Beispiel: *Von dem Fischer un syner Fru*); die Bezeichnung als Antimärchen (A. Jolles, 1950) kennzeichnet diesen Typus jedoch als die Ausnahme. Neben dem Zaubermärchen existieren vielfältige Formen des Schwank- und des Tiermärchens (*Die kluge Bauerntochter*, *Der Hase und der Igel*). Neuere Nachdichtungen von Volksmärchen haben vielfach parodistischen Charakter (z. B. bei Janosch).

Das Kunstmärchen geht in seiner einmaligen Gestalt auf einen namentlich bekannten Autor zurück. Es ist seit der Antike verbreitet (Apuleius: *Amor und Psyche*, enthalten in dem Roman *Der Goldene Esel*, 2. Jh. n. Chr.) und gewann durch Goethe (*Märchen, zur Fortsetzung der Unterhaltungen deutscher Ausgewanderten*, 1795) seine weltanschauliche Ausprägung. Das Oppositionsverhältnis zwischen poetischer Märchen- und prosaischer Alltagswirklichkeit thematisiert E. T. A. Hoffmanns „Märchen aus der neuen Zeit" *Der Goldne Topf* (1814). Unter dem Einfluss der Romantik stehen die Kunstmärchen H. Ch. Andersens. Die Entwicklungslinie reicht bis zu den „aufgeklärten Märchen" von P. Rühmkorf (*Der Hüter des Misthaufens*, 1983).

Das Märchendrama verarbeitet Stoffe des Volksmärchens (L. Tieck) oder gestaltet eine märchenhaft-traumhafte Gegenwelt zur Wirklichkeit (H. v. Kleist, G. Hauptmann).

Metapher (griech. metaphorein = übertragen) Es handelt sich um eine Form des bildhaften „uneigentlichen" Sprachgebrauchs. Das sprachliche Bild dient in knapp andeutender oder breit ausgeführter Form der Veranschaulichung von begrifflich schwer fassbaren Sachverhalten (z. B. Gefühlen, Stimmungen, Zuständen). Zugrunde liegt ein Vergleich, der jedoch nicht ausgeführt wird. Vielmehr findet die Übertragung eines an sich andersartigen, im Bilde aber durchaus vergleichbaren Begriffs auf einen zweiten unmittelbar statt, das Gemeinte erscheint sofort im Bild. Wenn man z. B. „Himmelszelt" sagt, so weiß man, dass der Himmel eigentlich kein Zelt ist, aber in seiner überwölbenden, schützenden Eigenschaft dem Zelt gleicht; Wölbung/Schutz sind die nicht genannten übertragenen Bedeutungen. Kennzeichnend für die Metaphorik ist die Verknüpfung unterschiedlicher Gegenstandsbereiche. Während die Alltagssprache reich an „verblassten" Metaphern ist, bei denen der Bildsinn kaum noch vergegenwärtigt wird (z. B. Baumkrone, Flussbett), lässt der Dichter durch neuartige, oft kühne und nur schwer oder unvollkommen zu erschließende Metaphern aufhorchen.

Beispiele:
„Am Abend, wenn die Glocken Frieden läuten."
(G. Trakl: *Verfall*, 1913)
„Tempel der Freiheit"
(H. Heine: *Die romantische Schule*, 1833)

„Bild" wird neuerdings auch als Bezeichnung für Szene und → Akt verwendet (z. B. „Schauspiel in zehn Bildern").

Metrum (griech. metron = Maß) Die regelmäßige Abfolge von langen und kurzen, im Deutschen von betonten und unbetonten Silben wird durch das Metrum bestimmt. Zu unterscheiden sind der Versfuß (= kleinste Maßeinheit, auch Takt genannt) und das Versmaß (= aus Versfüßen zusammengesetzte, eine Verszeile bildende Maßeinheit; Taktreihe). Die wichtigsten Versfüße im Deutschen sind der Jambus (unbetont – betont, u –), der Trochäus (betont – unbetont, – u), der Daktylus (betont – unbetont – unbetont, – u u) und der Anapäst (unbetont – unbetont – betont, u u –).

Beispiele:
„Macht hoch die Tür, die Tor macht weit“ (Jambus)
„Schlafen, schlafen, nichts als schlafen“ (Trochäus)
„Lobe den Herren, den mächtigen König der Ehren“ (Daktylus)
„Wie mein Glück, so mein Leid“ (Anapäst)

Die Länge eines Verses bemisst sich nach der Anzahl der Hebungen (= betonte Silben); so spricht man z. B. von fünfhebigen Jamben (vgl. Blankvers). Der Zwischenraum zwischen den Hebungen, auf denen der Akzent oder Iktus (lat. ictus = Schlag) liegt, kann ein- oder mehrsilbig gefüllt sein; Senkungen (= unbetonte Silben) sind also Versfüllungen. Es gibt Verse mit regelmäßiger (vgl. Alexandriner) und mit unregelmäßiger Füllung (vgl. Knittelvers), daneben solche, bei denen ein- oder mehrsilbige Füllungen gewählt werden können (vgl. Hexameter).

Sinneinheiten im Vers, oft Pausen bildend, werden als Kola (Singular Kolon) bezeichnet; sie fallen nicht mit den Taktgrenzen zusammen, obwohl sie auch Sprechtakte genannt werden (vgl. Rhythmus). Das sinn-unabhängige betonte Hersagen von Hebungen und Senkungen (auch unterstrichen durch Klopfen), oft verbunden mit mechanischem Silbenzählen, nennt man Skandieren.

Die Lehre von → Strophe und → Vers heißt Metrik; vgl. Reim und Rhythmus.

Mittelalter Heldendichtung, -sage, -lied und -epos beziehen sich in der deutschen Literatur auf Ereignisse der germanischen Völkerwanderung. Sie dienen nicht der historisch-politischen Berichterstattung, sondern der idealisierenden Darstellung außergewöhnlicher Einzelgestalten und ihrer Taten, wobei Kampfgeist, Vasallentreue und Opfermut gerühmt werden.

Die offenbar weit verbreiteten Heldensagen, meist bestimmten Sagenkreisen zuzuordnen (z. B. Artus-, Roland-Sagen), gehören zum ältesten deutschen Literaturgut. Die Brüder Grimm haben damit begonnen, ihre Inhalte aus späteren Aufzeichnungen zu erschließen und genau zu belegen (Sammelwerk *Die deutsche Heldensage*, ab 1829).

Die Sagen bildeten eine Vorstufe der balladenartigen Heldenlieder, deren originaler Wortlaut weitgehend verloren gegangen ist; als frühestes Zeugnis ist ein Fragment (68 Langzeilen) des in Stabreimen verfassten Hildebrandsliedes erhalten (9. Jh.). Sänger trugen die dramatisch zugespitzten, konfliktreichen Dichtungen an Fürstenhöfen auswendig vor.

Durch einen – vielleicht stufenweise vollzogenen – Ausbau der kürzeren Heldenlieder entwickelte sich das große Heldenepos des Hochmittelalters. Als Beispiel kann das strophisch gegliederte, in Reimpaaren abgefasste Nibelungenlied (anonym, um 1200) gelten, das sich stofflich aus unterschiedlichen Quellen speist und reich an Nebenhandlungen und -figuren ist. Die Heldenepen wurden schriftlich aufgezeichnet und vorgelesen.

Höfische Dichtung Abgehoben von der landläufigen Spielmannsdichtung entstand im Hochmittelalter (etwa zwischen 1150 und 1250) eine von der höfisch-ritterlichen Gesellschaftsschicht getragene Dichtung, die der Verbreitung und Vertiefung ritterlicher Ideale und Lebensformen diente. Einerseits kam es zur Ausbildung des lyrischen Minnesangs, der von ansässigen oder „fahrenden“, oft dem niederen Adel angehörenden Minnesängern verfasst und vorgetragen wurde und sich – zumindest in der Blütezeit – in platonischer Verehrung (Minnedienst) an die meist verheiratete, daher unerreichbare Herrin richtete. Andererseits entstanden die umfangreichen höfischen Epen (bzw. Versromane), die von ritterlichen Abenteuern, zuweilen religiös vertieft, erzählen.

Wichtigste Vertreter: als Lyriker Walther von der Vogelweide, als Epiker Hartmann von Aue, Gottfried von Straßburg und Wolfram von Eschenbach.

Meistersang Im 14.–16. Jh. wurde unter den städtischen Handwerkern (vor allem in Südwestdeutschland) das Dichten von Liedern als schulmäßige Laienkunst betrieben. Unter Beachtung eines strengen Regelsystems (Tabulatur), wurden wetteifernd Vorbilder nachgeahmt (pedantische Silbenzählung und Akzentverteilung, schematischer Strophenbau). Man bevorzugte geistliche Stoffe, orientierte sich an der Spruchdichtung, zeigte sich bildungsbeflissen und neigte zu Lehrhaftigkeit. Die Meistersingerzunft war hierarchisch aufgebaut: einfache Singer konnten zum Dichter, Meister und schließlich Merker aufsteigen. Die eigenen Lieder, die im Besitz der Schule blieben und nicht gedruckt werden durften, wurden ohne Instrumentalbegleitung vorgesungen und zwar entweder in der Kirche (= Hauptsingen) oder im Wirtshaus (= Zechsingen). Um den Meistertitel zu erlangen, musste man in der Blütezeit des Meistersangs einen „neuen Ton“ erfinden, d. h. zum Text auch eine Melodie liefern. Die erste Meistersingerschule soll 1315 in Mainz durch den Minnesänger Heinrich von Meißen, gen. Frauenlob, gegründet worden sein; im 16. Jh. war die Nürnberger Singschule mit H. Sachs an der Spitze maßgebend.

Spielmannsdichtung Herumziehende oder „fahrende“ Musikanten, Spielleute oder Vaganten genannt, gehörten im Mittelalter zu den verachteten Ständen, erwarben sich aber Ansehen, indem sie Stoffe der zeitgenössischen Volksdichtung (Lyrik, Epen) auf sinnenfrohe und unterhaltsame, oft witzige und sogar gesellschaftskritische (meist antiklerikale) Art verbreiteten, und zwar mehr oder weniger aus dem Stegreif. Den feinen Schliff der → höfischen Dichtung erreichten bzw. beabsichtigten sie nicht. Wichtige Sammlung: *Carmina Burana* (13. Jh., Vertonung durch C. Orff 1937).

Fastnachtsspiel Art des weltlichen Schauspiels in Spätmittelalter und früher Neuzeit in Deutschland. Im Rahmen der städtischen Lustbarkeiten vor Beginn der Fastenzeit entstand um 1430 (Lübeck) bzw. 1440 (Nürnberg) eine Form der dramatischen Darbietung, die als ältester Typus des weltlichen Dramas innerhalb der deutschen Literatur zu betrachten ist. Gruppen von Handwerksgesellen (Nürnberg) oder Angehörigen des Patriziats (Lübeck) traten in Gast- und Wohnstuben auf und unterhielten die Versammelten mit meist kurzen, derb-witzigen oder auch ernsten Spielen in Versen, die reichlichen Gebrauch von den in der Fastnachtszeit geduldeten Freiheiten (z. B. Thematisierung des Sexual- und Fäkalbereichs) machten. In formaler Hinsicht überwiegt das Reihenspiel (Reihung von Erzählungen, z. B. zum Thema Buhlschaft) gegenüber dem Handlungsspiel (Beteiligung der Personen an einer sie verbindenden Handlung). Die Gestalten sind typisiert (z. B. der tölpelhafte oder der pfiffige Bauer). Hauptvertreter des Nürnberger Fastnachtsspiels sind H. Rosenplüt, H. Volz und H. Sachs (von ihm sind 85 Fastnachtsspiele überliefert, z. B. *Der farendt Schuler im Paradeiß*). Aus dem 16. Jh. sind rund 20 über das gesamte deutsche Sprachgebiet verstreute Orte bekannt, in denen Fastnachtsspiele aufgeführt wurden.

In gewisser Weise bildet das Fastnachtsspiel das deutsche Gegenstück zur französischen Farce (= possenhaftes Volksstück, meist in Versen).

Monografie (griech. monos = allein, graphein = schreiben) Die gründliche, mehr oder weniger wissenschaftliche Darstellung befasst sich mit einem Einzelproblem, einem Einzelwerk oder einer Einzelperson.

Monolog (griech. monos = allein, logos = Rede) Die „Einzelrede“ bzw. das Selbstgespräch bildet neben dem → Dialog ein wesentliches Gestaltungsmittel des Dramas mit unterschiedlichen Funktionen: Als Botenbericht (vgl. Teichoskopie) schildert der Monolog eine auf der Bühne nicht darstellbare Situation oder Handlung, im lyrischen Monolog offenbart eine Bühnengestalt ihre Empfindungen, der betrachtende Monolog kann Situationen deuten (vgl. Chor), im Konfliktmonolog ringt der Held des Dramas in einem abwägenden Streitgespräch mit sich selbst um Klärung und Entscheidung.

In der Epik findet sich neben den dem dramaturgischen Gebrauch des Monologs entsprechenden Verwendungsformen als Sonderform der innere Monolog; er enthält in der Ichform wiedergegebene, tatsächlich aber unausgesprochene Gedanken und Gefühle einer Person (vgl. Roman, Briefroman).

Montage (franz. Anordnung, Zusammenstellung) Der aus der Filmkunst übernommene Begriff bezieht sich auf die Technik des Aneinanderreihens und Verknüpfens verschiedenartiger Textelemente (z.B. Dialogfetzen, Erinnerungsfragmente, Reflexionen, Slogans), wodurch räumlich und zeitlich Getrenntes, gedanklich und handlungsmäßig nur lose Verbundenes in einen neuen Zusammenhang gebracht werden. Auf diese Weise können Effekte wie Totalschau, Verfremdung oder Schock erzielt oder bestimmte Bewusstseins- und Wahrnehmungsvorgänge nachgebildet werden (A. Döblin: *Berlin Alexanderplatz*, 1929).

Der vergleichbare Begriff Collage (franz. coller = kleben) aus der Bildenden Kunst wird auch auf Literatur angewandt.

Motiv (lat. motivus = bewegend) Als literaturwissenschaftlicher Begriff bezeichnet Motiv ein klar abgegrenztes inhaltliches Element, das zumeist in unterschiedlichen Werken auf vergleichbare Weise verwendet wird. Kennzeichnende Motive etwa in → Märchen sind beispielsweise feindliche Brüder oder die böse Stiefmutter. Die Vorliebe für bestimmte Motive kann autor-, gattungs-, epochen- oder kulturspezifisch sein. Das Zentralmotiv ist die grundlegende Idee einer Dichtung. Der aus der Musik entlehnte Begriff Leitmotiv bezieht sich auf die Wiederkehr gleichlautender Wörter/Wortfolgen (auch Dingsymbole) zur Charakterisierung bestimmter Personen, Situationen, Problemlagen oder Stimmungen; diese Technik hat Th. Mann oft verwendet.

Mythos (griech. Wort, Erzählung) Die orientalischen, ägyptischen, griechischen und germanischen Mythen der Vor- und Frühzeit (Schöpfungs- und Naturmythen, Götter- und Heldenmythen) sind uns in Form von Epen (vgl. Mittelalter) und Sagen zumindest in Umrissen überliefert. In der Gegenwartsliteratur gibt es Versuche einer Erneuerung mythologischer Vorstellungen, z.B. in Form der Fantasyliteratur (J. R. R. Tolkien: *The Lord of the Rings*, 1954/55; M. Ende: *Die unendliche Geschichte*, 1979).

Naturalismus Eine gesamteuropäische Literaturepoche, die wesentlich von Frankreich (E. Zola, Brüder Goncourt) ausging, auf Russland (L. N. Tolstoi, F. M. Dostojewski), Skandinavien (H. Ibsen, A. Strindberg) und Deutschland übergriff. G. Hauptmanns (1862–1946) Novelle *Bahnwärter Thiel* (1888) gilt als das bedeutenste Prosawerk des deutschen Naturalismus. Hauptmann beschreibt vor allem die Abhängigkeit des Menschen von seinem jeweiligen sozialen Milieu. Der Naturalismus kann als radikale Weiterentwicklung des Realismus angesehen werden. Der Dichter A. Holz bestimmt das Verhältnis des Naturalismus zu den vorangegangenen Literaturepochen wie folgt: „Unsere Welt ist nicht mehr klassisch, / unsere Welt ist nicht romantisch, / unsere Welt ist nur modern!“ In seiner Schrift *Die Kunst. Ihr Wesen und ihre Gesetze* (1891–92) definiert er „Kunst = Natur – x“ („Die Kunst hat die Tendenz, wieder die Natur zu sein.“), wobei der Faktor x für die unvollkommenen

Mittel der Kunst steht. Die Kunst wird daher (x kann niemals gleich 0 sein) nie identisch mit der Natur sein können, die Kunst kann sich aber ihrem Ideal annähern, und zwar zum einen durch den Gebrauch der „Sprache des Lebens. Nur des Lebens!", also beispielsweise der Alltagssprache und zum anderen durch die Zurückweisung tradierter, formaler Kunstmittel wie etwa Reimschemata oder Metrum in der Lyrik. Die Darstellung der Folgen der industriellen Revolution und des Imperialismus wird eng mit der Sozialen Frage verbunden. Beschrieben werden vornehmlich die eben gar nicht schönen, sondern hässlichen und abstoßenden Arbeits- und Lebensbedingungen des Proletariats und die daraus folgenden sozialen Spannungen (G. Hauptmann: *Die Weber*, 1892). Zur Erlangung „des ganzen freien Gedankens, des unbeirrten Wahrheitssinnes, der resolut realistischen Weltauffassung" (Zeitschrift *Die Gesellschaft*, 1885–1902) sollten auch die neusten Erkenntnisse der Naturwissenschaften (E. Haeckel) mobilisiert werden. Mit dem Naturalismus und den sich gegen ihn stellenden literarischen Strömungen der Jahrhundertwende/Fin de siècle (→ Impressionismus, → Symbolismus, → Expressionismus, → Dadaismus,) kann der Beginn der literarischen Moderne markiert werden.

Neue Sachlichkeit Literarische Tendenz in der Zeit der Weimarer Republik. Angesichts einer Welt, „die von der Lüge unermeßlich überschwemmt ist" (E. E. Kisch) wird von der Literatur eine neue Hingabe an die Wahrheit, ein „Gebrauchswert" verlangt. Deshalb werden die Reportage und die Verwendung dokumentarischer Techniken selbst in der Kunst gefordert. Kisch erklärt: „Nichts ist verblüffender als die einfache Wahrheit, nichts ist exotischer als unsere Umwelt, nichts ist fantasievoller als die Sachlichkeit." Zudem eröffnen die neuen Medien (Rundfunk) die Möglichkeit, endlich breitere Massen jenseits des Bildungsbürgertums zu erreichen, weswegen es aber auch notwendig wird, leichter verständlichere, eben sachliche Formen der Publizistik zu entwickeln. Mit der Neuen Sachlichkeit der 20er-Jahre verbunden sind neben Kisch u. a. Autoren wie A. Döblin (*Berlin Alexanderplatz*, 1929), H. Fallada (*Kleiner Mann – was nun?*, 1932; *Wer einmal aus dem Blechnapf frißt*, 1934), E. Kästner (*Fabian*, 1931), K. Tucholsky, B. Brecht (*Hauspostille*, 1927).

Die Verwendung von authentischem sprachlichem, dokumentarischem Material in Dramatik, Epik und Lyrik schließt, allein schon durch die Auswahl und Zuordnung (Kontextbildung), stets einen fiktionalen Anteil mit ein. Zu den frühesten Beispielen der planmäßigen Verwendung von Textdokumenten (Zitaten aus Verhandlungsprotokollen) gehört G. Büchners Revolutionsdrama *Dantons Tod* (1835). Die → Montage vorgegebener Texte (Reklameslogans, Verlautbarungen, Presseberichte) ist aber in besonderem Maße kennzeichnend für die Neue Sachlichkeit der 20er-Jahre und die sozialkritische Literatur seit Mitte der 60er-Jahre, hier vor allem in Form von Protokollen und Reportagen (Günter Wallraff *Industriereportagen*, 1970, *Ganz unten*, 1985) sowie Collagen aus offiziösen Texten (F. C. Delius *Wir Unternehmer. Über Arbeitgeber, Pinscher und das Volksganze*, 1966).

Das Dokumentartheater der 20er-Jahre schloss die Verwendung von optischem Dokumentarmaterial (Film) ein. 1963 leitete R. Hochhuths Drama *Der Stellvertreter* (über die Haltung der katholischen Kirche unter Papst Pius XII. zum Nationalsozialismus) die Wiederbelebung des zeitkritischen Dokumentartheaters ein (H. Kipphardt: *In der Sache J. Robert Oppenheimer*, 1964; P. Weiss: *Die Ermittlung*, 1965).

Novelle (lat. novus = neu, ital. novella = kleine Begebenheit) In straffer, meist linear auf einen Höhepunkt zulaufender Handlungsführung wird über ein konflikthaltiges Ereignis (oder eine Ereignisfolge) berichtet, das sich in der Wirklichkeit abspielen könnte und Neuigkeitswert hat. Meist in Prosa (die Versnovelle bildet die Ausnahme) und von mittlerer Länge neigt die Novelle zur → geschlossenen Form; gegenüber epischer Breite in Personen- und Landschaftsschilderung überwiegen szenische Einlagen.

Wie kaum eine andere literarische Gattung hat die Novelle Versuche der Begriffsbestimmung veranlasst. Goethe, der mit seiner Altersdichtung *Novelle* (1828) ein Musterbeispiel schaffen wollte, definierte sie schlicht als „eine sich ereignete unerhörte Begebenheit". Die von P. v. Heyse 1871 in der Einleitung zur Sammlung *Deutscher Novellenschatz* veröffentlichte **Falkentheorie** besagt, dass die Novelle eines zentralen Gegenstandes bzw. eines entsprechenden Ereignisses bedarf; zur Veranschaulichung dient die 9. Novelle des 5. Tages in G. Boccaccios *Decamerone*, in der ein verarmter Edelmann die Liebe seiner Angebeteten dadurch gewinnt, dass er ihr das ihm verbliebene Lieblingstier, einen Falken, opfert und als Mahl vorsetzt.

Im deutschsprachigen Raum erreichte die Novellendichtung ihren Höhepunkt im 19. Jh. (H. v. Kleist, E. T. A. Hoffmann, A. Stifter, G. Keller, C. F. Meyer, Th. Storm); eigenständige Versuche einer Wiederbelebung reichen bis in die Gegenwart (M. Walser: *Ein fliehendes Pferd*, 1978).

Schon seit ihren Anfängen im 14. Jh. werden Novellen in eine Rahmenhandlung eingebettet oder zu → Zyklen zusammengefügt.

Ode (griech. Gesang) Neben der → Elegie und der → Hymne gehört die von „heiliger Trunkenheit" (Pindar) erfüllte Ode zu den klassischen Gedichtformen. In der griechischen Antike sind Chor- und Einzellieder zu unterscheiden. Die strenge, auf den Einzelgesang zurückgehende Festlegung von Metrum und Strophenbau (bei unterschiedlichem Odenmaß, z. B. nach dem Vorbild von Alkaios, Pindar oder Sappho) erschwerte die deutschsprachige Odendichtung. Sie gewann ihre Eigenständigkeit im 18. Jh. durch F. G. Klopstocks freirhythmische Oden (*Die Frühlingsfeier*, 1771) und erlebte ihren zweiten Höhepunkt bei F. Hölderlin (Übersetzung von Oden Pindars, Oden *Diotima*, *An die Deutschen*). Bevorzugte Themen der weihevollen oder auch enthusiastischen Ode sind Religion, Staat, Natur, Kunst und Liebe.

Palindrom (griech. Rückwärtslauf) Spiegelbildlich angeordnete Buchstaben (z. B. Elle, Otto) bilden ein Wort-Palindrom. Lässt sich ein ganzer Satz vor- und rückwärts lesen, haben wir meist das Ergebnis eines artistischen Sprachspiels vor uns (z. B. A. Schopenhauers Satz-Palindrom: „Ein Neger mit Gazelle zagt im Regen nie."). Im Vers-Palindrom wiederholen sich die Verse von der Strophenmitte ab in umgekehrter Reihenfolge; die Anordnung der Verse kann dann sein: 1 – 2 – 3 – 4 – 4 – 3 – 2 – 1.

Beispiel:
„Hütet eure zungen / das geziemt den jungen / schiebt den riegel vor die tür / lasst kein schlimmes wort herfür / lasst kein schlimmes wort herfür / schiebt den riegel vor die tür / das geziemt den jungen / hütet eure zungen."
(Walther von der Vogelweide, übers. v. H. Witt)

Pamphlet Die schlagkräftig abgefasste, meist kürzere Streit- und Schmähschrift dient der öffentlichen Verunglimpfung und richtet sich nicht selten gegen Personen des politischen Lebens. Die Verbreitung geschieht häufig anonym als Flugblatt (vgl. Flugschrift) oder Anschlag.

Parabel (griech. parabole = Vergleich) Wie → Fabel und → Gleichnis dient diese in der Regel kurze, oft in eine Rede eingefügte Beispielgeschichte der Beweisführung, der Lehre, der Erhellung (Beispiel: G. E. Lessings „Ringparabel" in *Nathan der Weise*; zugrunde liegt die 3. Novelle des 1. Tages in G. Boccaccios *Decamerone*). Aus dem ursprünglichen Zusammenhang herausgelöst, fehlt der Parabel der Vergleichspunkt; die in ihr verborgene Wahrheit muss dann aus der auch für sich bedeutsamen, aber nicht immer eindeutigen Erzählung erschlossen werden. Die Parabel zieht zur Verbildlichung abstrakter Gedanken einen einmaligen, häufig ungewöhnlichen oder empörenden Fall heran. Dadurch gelingt es ihr, das Denken in neue Bahnen zu lenken (z.B. auf Dunkles, Widersinniges oder Anstößiges hinzuweisen) und sich sogar – dies gilt vor allem für die jüdische Traditionslinie – in den Dienst religiöser Verkündigung zu stellen. B. Brechts dialektische (Widersprüche verbindende) *Geschichten vom Herrn Keuner* (ab 1930) gehören ebenso zur Gattung der Parabel wie eine Reihe von M. Bubers *Erzählungen der Chassidim* und ein Großteil der Erzählungen F. Kafkas.

Als **parabolisch** können auch literarische Großformen konzipiert und gestaltet sein (Beispiel: B. Brechts Drama *Der gute Mensch von Sezuan. Ein Parabelstück*, 1943).

Paradoxon (griech. Unerwartetes) Wenn in einer Aussage Gegensätzliches aufgehoben bzw. negiert wird, so verstößt das gegen die Logik und erscheint zunächst als widersinnig; es kann sich aber als zutreffend erweisen, wenn nicht sogar als bedeutsame, bisher verborgene Wahrheit.

Beispiel:
„(...) denn wenn ich schwach bin, so bin ich stark.“
(Paulus: 2. Korinther 12,10)

Die Stilfigur des **Oxymoron** (griech. scharfsinnige Dummheit) bringt Unvereinbares zusammen, um das Widersprüchliche einer Situation / eines Verhaltens anzudeuten bzw. der Komplexität einer Sachlage gerecht zu werden.

Beispiele:
süßer Schmerz, beredtes Schweigen

Parodie (griech. parodia = Gegengesang) Durch Verzerrung und Übertreibung wird eine weithin bekannte und anerkannte Textvorlage verspottend nachgeahmt. Parodiert werden können ein einzelnes Werk, ein Autor, eine Gattung, ein Epochenstil, deren vermeintliche oder tatsächliche Unzulänglichkeiten sichtbar gemacht und der Lächerlichkeit preisgegeben werden soll. Die Einstellung zur Vorlage ist distanziert-kritisch, wenn nicht sogar zerstörerisch; der Angriff geschieht nicht direkt (durch Argumentation), sondern indirekt (durch Textentstellung). Genaue Kenntnis des Originals wird beim Leser vorausgesetzt.

Die respektlose, geistreich-ironische **Persiflage** (franz. siffler = pfeifen), versteckter in ihrer kritischen Absicht, steht der Parodie nahe; oft werden die Bezeichnungen synonym gebraucht.

Dagegen ist die **Travestie** (ital. travestire = verkleiden) deutlich abzusetzen, obwohl auch sie – das ist das Gemeinsame – eine allgemein hoch geschätzte Textvorlage durch Spott herabzusetzen sucht. Während der Inhalt des Originals nun im Wesentlichen übernommen wird, ändert sich – wobei es zu derben Geschmacklosigkeiten kommen kann – die Gestaltung (Stil, Gattung); aus dem entstehenden Missverhältnis erwächst die – meist oberflächliche – Wirkung.

Personifikation Die vermenschlichende Beseelung von Unbelebtem oder Gedachtem verringert die Distanz, erhöht die Anschaulichkeit und sorgt für sinnliche Vergegenwärtigung. So sagt man z.B. „Mutter Erde“, „lachende Sonne“ und „Busen der Natur“; im Sprichwort heißt es: „Lügen haben kurze Beine.“ Die Personifikation ist das hauptsächliche Gestaltungsmittel der → Allegorie.

Poetik (griech. poiesis = das Verfertigen, das Dichten; poietikos = dichterisch; poietike techne = Dichtkunst) Die Lehre von der Dichtkunst besaß Jahrhunderte hindurch das Ziel, zum „richtigen“, an bestimmten Vorbildern orientierten Verfertigen literarischer Werke anzuleiten bzw. dem Publikum und der Leserschaft die entsprechenden Kriterien der Beurteilung an die Hand zu geben. Die Grundpfeiler der frühneuzeitlichen Poetik bildeten die im 14. Jh. wiederentdeckte *Poetik* (*Peri poietikes*) des Aristoteles und die *Dichtkunst* (*Ars poetica*, 18 v. Chr.) des Horaz. Beide Werke enthalten auch Zielsetzungen der Literatur: Mimesis (Nachahmung) und Katharsis (Reinigung, vgl. aristotelisches Drama sowie Tragödie) stehen bei Aristoteles im Mittelpunkt, die Verbindung von prodesse (lat. nützen) und delectare (lat. erfreuen) bei Horaz.

Die früheste auf die deutsche Literatur zugeschnittene Poetik ist das noch am antiken Vorbild orientierte *Buch von der deutschen Poeterey* (1624) von M. Opitz. Die bedeutendste Zäsur in der Entwicklung der deutschen Poetik bildete, u. a. vorbereitet durch G. E. Lessings Kritik an der Nachahmung französischer „klassischer" Muster, die Ablehnung jeglicher Reglementierung im Sturm und Drang. Von nun an entwickelte sich die Poetik im Spannungsfeld von autonomem Schöpfertum und erlernbarer Kunstfertigkeit. Heute beschäftigt sich die Poetik weitgehend mit der systematischen Beschreibung der Dichtung, ausgehend von vergleichenden Analysen von Einzelwerken und Gattungen im Hinblick auf sich wandelnde Formgesetze, vorherrschende Inhalte, Stilmittel und Wirkungsweisen. Die Verbindung zwischen Poetik als Wissenschaft und Poetik als literarischer Praxis dienen Einrichtungen wie die seit 1959 bestehende Gastdozentur für Poetik der Frankfurter Goethe-Universität.

Prolog (griech. prologos = Vorrede, Vorspruch) Als einleitender, in sich relativ geschlossener Teil einer Dichtung beabsichtigt der Prolog, das Interesse des Lesers/Zuschauers zu wecken durch unmittelbare Anrede, Einstimmung auf die sich anschließende Darstellung, Rechtfertigung des Unternehmens. Der szenische Prolog dramatischer Werke wird zumeist als Vorspiel bezeichnet. (Goethe unterscheidet in der 1808 erschienenen Ausgabe von *Faust* zwischen dem *Vorspiel auf dem Theater* und dem *Prolog im Himmel*).

Entsprechend kann einem epischen oder dramatischen Werk ein Epilog (griech. epilogos = Schlusswort, Nachrede) bzw. ein Nachspiel angefügt sein, in dem entweder der unmittelbare Kontakt zum Leser/Zuschauer wiederhergestellt wird oder (im Roman) spätere Ereignisse summarisch geschildert werden.

Prosa (lat. prorsa oratio = gerade, zielgerichtete, schlichte Rede) Im Gegensatz zur gebundenen Rede (= Sprache in metrisch strukturierten Versen) steht die ungebundene Prosa der Alltagssprache nahe. Neben einfacher Mitteilung ermöglicht sie eine höchst differenzierte Darstellung komplizierter Sachverhalte. Als Sachprosa ist sie stärker zweck- und inhaltsbestimmt, als Erzählprosa lebt sie vornehmlich von der Vorstellungskraft. Beide Ausprägungen können zur Kunstprosa gesteigert werden (z. B. im → Essay). Die schon beim rhythmisierten Prosatext erreichte Annäherung an die Lyrik findet ihre Vollendung im Prosagedicht.

In der Antike galt Poesie, gleichgesetzt mit Versdichtung, als Gegensatz zur Prosa. Heute fasst man Poesie weiter (vgl. Literatur).

Rätsel Das Gesuchte (Begriff, Gegenstand, Person, Vorgang) wird in der Regel knapp und verschlüsselt beschrieben; oft fordert eine Frage zum Raten auf. Rätsel, selten auf individuelle Erfinder zurückzuführen, gehören zu den ältesten Dichtungen überhaupt. Die über Jahrtausende reichende mündliche Überlieferung hat zu vielen Abwandlungen geführt, gedruckte Sammlungen liegen seit etwa 1500 vor. Volkstümliche Schriftsteller (z. B. J. P. Hebel) haben dem Rätsel mitunter gereimte Form gegeben. Neben dem Wort- und Buchstabenrätsel gibt es das Zahlen- und das Bilderrätsel, letzteres mit der Sonderform des Rebus (Kombination von Bildern und Buchstaben).

Beispiel für ein altes, in der Ödipus-Sage enthaltenes Rätsel:
„Am Morgen auf Vieren, / Des Mittags auf Zweien, / Des Abends auf Dreien."
(Lösung: Der Mensch.)

Realismus Literaturbewegung, die nach der gescheiterten 48er-Revolution bis etwa 1890 sowohl den Heroismus und die politische Parteinahme des Jungen Deutschland und des Vormärz als auch das idealisierende Pathos oder die romantisierende Verklärung der Wirklichkeit ablehnt. Gefordert wird die unverblümte Wahrheit und die Darstellung der wirklichen, objektiven Verhältnisse, in denen der Mensch lebt: „Wir haben doch in der Wirklichkeit eine große Anzahl tüchtiger Charaktere unter unsren Landwirthen, Kaufleuten, Fabrikanten u.s.w., deren Lebenslauf und Verhältnisse dem, der sie kennen lernt, das höchste menschliche Interesse einflößen; warum haben wir keinen Dichter, der Analoges für ein Kunstwerk verarbeitet?" (G. Freytag, 1853) Allerdings dürfe die Wirklichkeit nicht nur einfach widergespiegelt werden, sondern sie müsse auch poetisch ‚verklärt' werden (‚poetischer Realismus'). Realistische Darstellung im Sinne des Realismus bedeutet daher, dass die Wirklichkeit „überblümend" und im „Lichte der Idee" (Otto Ludwig) dargestellt werden muss. Thematisiert wird auch der naturwissenschaftliche (Ch. Darwin), industrielle und technische Fortschritt, der nach der gescheiterten Revolution ganz wesentlich das neue Selbstwertgefühl und den Optimismus des Bürgertums bestimmt. Nichtsdestoweniger werden Nützlichkeitsdenken (Utilitarismus), Gewinnsucht und skrupelloses Machtdenken scharf kritisiert. Wichtige Autoren des Realismus: Th. Storm (*Der Schimmelreiter*, 1888), G. Keller (*Der Grüne Heinrich*, 1854–55), Th. Fontane (*Effi Briest*, 1895), C. F. Meyer, A. Stifter.

Refrain (altfranz. refraingre = wiederkehrendes Sichbrechen der Wellen) Die unveränderte („feste") oder leicht abgewandelte („flüssige") Wiederholung bestimmter Wörter, Verse oder ganzer Strophen nennt man Refrain oder Kehrreim. Er kommt häufig beim Volkslied oder Schlager vor (vgl. Lied); ursprünglich handelte es sich um den vom Chor (im Wechsel mit dem Vorsänger) zu singenden Teil eines Liedes. Neben dem Endkehrreim am Schluss einer Strophe gibt es den Anfangs- und den Binnenkehrreim.

Beispiel:
*„Röslein, Röslein, Röslein rot,
Röslein auf der Heiden."*
(Goethe: *Heidenröslein*)

Regie (franz. régie = Verwaltung) Die Regie oder Spielleitung liegt beim Theater, Rundfunk (z.B. Hörspiel-Regie), Film und Fernsehen in der Hand des Regisseurs bzw. Spielleiters und betrifft die Inszenierung, d.h. die (szenische) Realisierung eines Dramen- oder Hörspieltextes bzw. eines → Drehbuchs. Diese enthalten mehr oder weniger ausführliche Regieanweisungen in Form von Angaben zum Charakter der handelnden Personen, zur Sprechweise bei bestimmten Passagen; Dramentexte können mit detaillierten Anweisungen zum Bühnenbild versehen sein (z.B. im → Naturalismus). Die Art und Weise der Regie bzw. der Inszenierung bildet grundsätzlich eine Interpretation des betreffenden Werkes; ihre Freiheit kann durch Einsprüche des Autors bzw. der Erben der (Bühnen-)Rechte eingeengt sein.

Reim Im allgemeinen Sprachgebrauch wird der Begriff mit Endreim gleichgesetzt; d.h. vollständiger Gleichklang der Endsilbe(n), und zwar vom letzten betonten Stammvokal ab (z.B. Ball – Knall, Wagen – lagen, lächelten – fächelten). Nach der Zahl der gereimten Silben unterscheidet man den männlichen bzw. stumpfen (= einsilbigen) vom weiblichen bzw. klingenden (= zweisilbigen) Endreim; seltener kommt der gleitende (= dreisilbige) Endreim vor. Bleibt die lautliche Übereinstimmung am Versende unvollständig, indem sie sich nur auf die Vokale bezieht, liegt eine Assonanz vor (z. B. Rosen – modert, Segen – Rede). Beim rührenden Reim lauten auch die Konsonanten vor dem Stammvokal gleich, was meist störend wirkt (z. B. gleiten – begleiten, erboten – Segelbooten). Beim Doppelreim umfasst der Gleichklang zwei aufeinander folgende Wörter. Beim Schüttelreim sind die Anfangsbuchstaben oder -silben von Endreimpaaren vertauscht (wenn Kinder „Laschwappen" statt „Waschlappen" sagen, haben sie Buchstaben „geschüttelt"). Die Tradition reicht bis ins Mittelalter zurück; heute wird der Schüttelreim mitunter in der Werbung eingesetzt (z. B. „Als wir noch in der Wiege lagen, / gab es noch keine Liegewagen. / Jetzt kann man in den Wagen liegen / und sich in allen Lagen wiegen", Slogan der Deutschen Bundesbahn). Der unreine Reim ist fast immer ein missglückter Reim (z. B. Schleier – Feuer, Gemüt – zieht); ein unreiner Reim kann mundartlich bedingt sein („Ach, neige / Du Schmerzensreiche" in Goethes *Faust I*).

Bezieht sich der Gleichklang auf ein Wort in der Versmitte, spricht man von Binnenreim (z. B. „Bei stiller Nacht zur ersten Wacht", F. v. Spee).

In der antiken Dichtung gab es weder End- noch Binnenreime. Die germanische Literatur kannte nur den Stabreim, bei dem drei oder vier Wörter eines Verses mit demselben Laut beginnen (Beispiel: Hildebrandslied). Gleichklang im Anlaut kennzeichnet auch die Alliteration, die sowohl in der Alltagssprache (Kind und Kegel, Mann und Maus) als auch in der Dichtung vorkommt (z. B. „Er hat sich gewiegt, / Wo Weinen war", aus *Vorfrühling* von H. v. Hofmannsthal). Sehr häufig findet sie sich im Zungenbrecher (z. B. „Fischers Fritze fischt frische Fische …").

Reime geben dem Vers Halt; indem sie über ihn hinausweisen und mehrere Verse miteinander verbinden, tragen sie zur Bildung größerer Einheiten (→ Strophe) bei und strukturieren das Gedicht. Verbindet der Endreim zwei unmittelbar aufeinander folgende Verszeilen, handelt es sich um einen Paarreim (a a). Sind zwei Paarreime kreuzweise verschränkt, spricht man von Kreuzreim oder Wechselreim (a b a b). Außerdem kennt man den umarmenden Reim (a b b a) sowie den Schweifreim (a a b c c b), den Dreireim (a a a b b b), den verschränkten Reim (a b c a b c oder a b c b a c).

Reportage Der vom Reporter in seiner Eigenschaft als Augenzeuge vor Ort gestaltete Bericht in Presse, Rundfunk oder Fernsehen strebt nicht allein nach Objektivität, sondern enthält auch Stimmungselemente und subjektive Eindrücke bzw. Einschätzungen; er gehört zu den Darstellungsformen des → Features. Als literarische Textsorte greift die Reportage über Tagesereignisse hinaus; sie wurde in dieser Funktion wesentlich durch den „rasenden Reporter" E. E. Kisch geprägt (vgl. Neue Sachlichkeit).

Rezeption (lat. recipere = aufnehmen, empfangen) Allgemein geht es um die Art und Weise der Aneignung von Mitteilungen jeglicher Art durch einen Leser, Betrachter, Zuhörer oder Zuschauer, der als Rezipient angesprochen ist. Die Rezeption im Sinne von Verstehen wird durch das Vorverständnis des Rezipienten mitbestimmt. Indem Literatur nicht zuletzt aus Literatur entsteht, d. h. bestimmte Vorbilder und Traditionen produktiv verarbeitet, bildet die literarische Produktion zugleich eine Form von Rezeption; umgekehrt ist die Tätigkeit des Lesers eine Art von literarischer Produktion.

Als wesentlicher Teilbereich der neueren Literaturwissenschaft beschäftigt sich die Rezeptionsästhetik mit der Art und Weise, in der literarische Werke mehr oder weniger unmittelbar auf die Voraussetzungen beim (vorgestellten) Leser / Zuschauer eingestellt sind, entweder affirmativ (= bestätigend) oder innovativ (= auf Veränderungen abzielend).

Rezitation (lat. recitatio = künstlerischer Vortrag) Der Vortrag von Dichtung durch den Autor selbst oder einen Rezitator wird auch als Lesung bezeichnet. Sie bildet eine Form der (mittelbaren) Interpretation mit sprachgestalterischen Mitteln. Der Stil des Rezitierens ist, wie Schallplattenaufnahmen aus verschiedenen Jahrzehnten zeigen, auch vom Zeitgeschmack abhängig.

Rhetorik (griech. techne rhetorike = Redekunst) Der Begriff bezeichnet zum einen die Fähigkeit zu wirkungsvoller Rede, zum anderen die in der Antike begründete und insbesondere von den Römern vervollkommnete Wissenschaft, die der systematischen Schulung dieser Fähigkeit dient; ihre Anweisungen betreffen nicht nur die Stoffsammlung, Gliederung und sprachliche Ausformung der Rede, sondern auch die gedächtnismäßige Aneignung und den Vortrag. Zur Stillehre (vgl. Stil) erweitert, hat die Rhetorik als ein Kernstück der → Poetik bis zum 18. Jh. starken Einfluss auf die literarische Praxis ausgeübt.

Die rhetorischen Figuren bzw. Rede- oder Stilfiguren kommen gelegentlich auch in der Alltagssprache vor und werden im Sprachkunstwerk seit der Antike bewusst zur Wirkungssteigerung eingesetzt. Ihre Klassifizierung in Wort-, Gedanken- oder Sinn-, Klang-, Satz- oder grammatische Figuren schafft eher Verwirrung, zumal in der Fachliteratur keine Einmütigkeit über die jeweilige Begriffsverwendung herrscht. Vgl. als Beispiele für rhetorische Figuren Anapher, Antithese, Chiasmus, Ellipse, Euphemismus, Hyperbel, Inversion, Klimax, Metapher, Paradoxon, Personifikation, Synästhesie und Tautologie.

Die rhetorische Frage ist eine Scheinfrage, auf die keine Antwort erwartet wird, da diese in der Frage selbst schon enthalten ist.

Rhythmus (griech. rheein = fließen) Spannung sowie Bewegung der gebundenen (Vers-)Sprache werden wesentlich vom Rhythmus bestimmt, der sich – auch bei gleichem → Metrum – so verschieden auswirken kann, dass auf ihn das unverwechselbare Gepräge eines Gedichts zurückzuführen ist. Die jeweils eigentümliche rhythmische Schwingung eines gesprochenen Gedichts ist gefühlsmäßig zu erfassen, aber nicht messbar; sie ergibt sich u. a. aus dem Gewicht der einzelnen Hebungen (vgl. Vers), der Art der Akzentverteilung (regelmäßig, abwechslungsreich), dem Tempo (z. B. Tempostau durch geballte Hebungen, Beschleunigung durch zahlreiche Senkungen), ferner aus der Lautfarbe (vgl. Lautmalerei), der Häufigkeit von → Enjambements, dem Umfang der Kola (vgl. Vers), dem Ort der Zäsuren. Im freirhythmischen Gedicht (vgl. Hymne, Ode) bildet der Rhythmus ein vorherrschendes Gestaltungsmittel.

Roman Der seit dem 17. Jh. in Deutschland geläufige Begriff leitet sich von der im Mittelalter in Frankreich üblichen Unterscheidung zwischen dem Latein der Gelehrten und der „lingua romana“ des Volkes her. Als literarische Gattung bildet der Roman die neben dem → Epos zweite und entwicklungsgeschichtlich jüngere epische Großform (vgl. Epik). Sein äußerliches Kennzeichen ist neben dem erheblichen Umfang die Prosa; allerdings kann der Roman (z. B. in der Romantik) auch lyrische Passagen (Liedeinlagen) und Dramenszenen enthalten bzw. sich durch dialogisierte Teile dem Dramentext annähern. Grundsätzlich besitzt der Roman ein denkbar breites Spektrum der Gestaltungsmittel; es umfasst Fiktion und Dokumentation, lyrischen Empfindungsausdruck und rationale Reflexion (vgl. Erzählperspektive).

Die als Formlosigkeit empfundene formale Vielfalt verhinderte zunächst die Anerkennung des Romans als Kunstform; die → Poetik nahm ihn erst im späten 18. Jh. zur Kenntnis (C. F. v. Blankenburg: *Versuch über den Roman*, 1774). Vorläufer (vgl. Volksbuch) boten vor allem spannende Unterhaltung und inhaltliche Fülle – zwei Merkmale, die den Abenteuerroman (mhd. Âventiure = ritterliche Bewährungsprobe, altfranz. aventure = außergewöhnliche Begebenheit zu lat. advenire =

sich ereignen) so beliebt machen. Indem er die durch Zufälle bestimmten Lebensläufe von Außenseitern nachzeichnet, entwirft der barocke Abenteuerroman ein Zeitbild großen Stils, wobei bereits Konflikte zwischen Individuum und Gesellschaft zur Geltung kommen. Dieser Romantypus besitzt ein breites Spektrum der inhaltlichen Füllung und ein starkes Gefälle des literarischen Anspruchs (vgl. Trivialliteratur). Stoffe der Heldenepen (vgl. Mittelalter) wurden wiederbelebt in Ritterromanen, auf die sich Cervantes' *Don Quijote* (1605 und 1615, dt. 1621) in parodistischer Absicht bezieht. Grimmelshausens *Abentheuerlicher Simplicissimus Teutsch* (1669) verbindet ebenso wie J. Haseks *Schweyk* (1921–1923, dt. 1926/27) den Kriegsroman mit dem Schelmenroman bzw. pikaresken (pikarischen) Roman (span. píco = Schelm, Gauner). Abenteuerlust und Forschungsdrang sind vorherrschende Handlungsmotive des (durch Ch. Reuters *Schelmuffsky*, 1696, parodierten) abenteuerlichen und vielfach fantastischen Reiseromans; sein Vorbild behielt bis zu J. Vernes Zukunftsromanen (*Von der Erde zum Mond*, 1865, dt. 1873) und darüber hinaus Gültigkeit (vgl. Sciencefiction). Das Überleben in der Wildnis ist das zentrale Thema der durch D. Defoes *Robinson Crusoe* (1719/20, dt. 1720/21) angeregten Robinsonaden. Zu den klassischen Abenteuerromanen über und für Jugendliche gehören M. Twains *Tom Sawyer* (1876, dt. 1876) und *Huckleberry Finn* (1884, dt. 1890). Nach ihren Inhalten lassen sich ferner Räuber-, Schauer-, See- und Wildwestromane unterscheiden (vgl. auch Kriminalliteratur).

Der Briefroman (vgl. Brief) erlangte vor allem im 18. Jh. und später in der → Romantik große Erfolge; als ein Höhepunkt gilt Goethes *Die Leiden des jungen Werthers* (1774). Diese spezielle Form des Romans besteht aus einer Reihe von Briefen eines / einer oder mehrerer Verfasser/innen. Fern der offiziellen Etikette konnten in der eher privaten Briefform neben ganz alltägliche Begebenheiten auch politische, wissenschaftliche und künstlerische Fragen recht frei verhandelt werden. „Diese Romanform“, schreibt der Literaturwissenschaftler Volker Meid zusammenfassend, „steht für Subjektivität und Authentizität, ermöglicht eine neue Intensität der Selbsterkundung und Selbstaussprache, und mit ihrer Methode, seelische Zustände und Vorgänge unmittelbar zu vergegenwärtigen, fördert sie auch die emotionale Wirkung auf den Leser“ (vgl. Monolog, innerer Monolog).

Als speziell deutscher Beitrag zur Weltliteratur ist der Bildungs- und Entwicklungsroman zu betrachten. Seine Anfänge liegen bei Ch. M. Wieland (*Geschichte des Agathon*, 1. Fassung 1766/67), zum Höhepunkt gelangte er wenig später durch Goethe (*Wilhelm Meisters Lehrjahre*, 1795/96), im 19. Jh. durch G. Keller (*Der grüne Heinrich*, 1. Fassung 1854/55). Zwar steht die Charakterbildung des Individuums im Mittelpunkt, doch bewahrt der Roman seine „Welthaltigkeit“ durch die Darstellung äußerer Bildungsfaktoren, deren Umkreis jedoch eine zunehmende Eingrenzung erfährt (A. Stifter: *Der Nachsommer*, 1857).

Ein breites Publikum erreichte im 19. Jh. der von W. Scott geprägte historische Roman bis hin zum sog. Professorenroman (= von Berufshistorikern verfasster Roman mit historischer Detailgenauigkeit). Daneben entwickelte sich der gegenwartsbezogene Zeit- und Gesellschaftsroman; er reicht in der deutschen Literatur von Goethes *Wahlverwandtschaften* (1809, zugleich der erste moderne Eheroman) über die Berliner Romane Th. Fontanes (z. B. *Frau Jenny Treibel*, 1892) bis hin zu Th. Manns *Buddenbrooks. Verfall einer Familie* (1901). Dieser Romantypus herrschte im 19. Jh. in ganz Europa vor; H. de Balzac, Stendhal und G. Flaubert in Frankreich, Ch. Dickens in England sowie F. M. Dostojewskij und L. N. Tolstoj in Russland gehören zu seinen bedeutendsten Repräsentanten. Die hier schon angelegte umfassende Darstellung der sozialen Wirklichkeit bildet ein Merkmal des auf die Verknüpfung von Literatur und Wissenschaft abzielenden naturalistischen Romans (E. Zola).

Das Romanschaffen im 20. Jh. ist vom Bewusstsein des „Zerfalls der Werte“ (H. Broch) geprägt; die „Krise des Romans“ ist allerdings eher eine Krise des traditionellen Totalitätsanspruchs. Zu den neuen Darstellungsformen gehören die → Montage und die akribische Darstellung von Bewusstseinsvorgängen als Bewusstseinsstrom (engl. stream of consciousness), zumeist in der Form des inneren Monologs (J. Joyce: *Ulysses*, 1922). Hieran knüpfte in den 60er-Jahren der französische Nouveau roman an. Zu den zentralen Themen des modernen Romans gehört der Identitätsverlust (M. Frisch: *Mein Name sei Gantenbein*, 1964). Der historische Roman mit Gegenwartsbezug fand seine Wiederbelebung in der Exilliteratur (H. Mann); die weite Verbreitung der Romane von H. Böll, G. Grass und S. Lenz belegt die Lebensfähigkeit des kritischen Zeitromans.

Romantik Als literaturgeschichtlicher Epochenbegriff umfasst er die Zeit von etwa 1795 bis etwa 1840. „Romantisch“ steht im Gegensatz zu „antik“ und „klassisch“. Sieht die Weimarer Klassik ihr Ideal in der antiken Dichtung, so bezieht sich die Romantik dagegen vor allem auf die Dichtung des christlichen Mittelalters. Prägend für die Romantik ist zum einen ein radikaler Subjektivismus, der das Gewöhnliche und Alltägliche überhöht. „Die Welt muss romantisiert werden. So findet man den ursprüngliche Sinn wieder ... Indem ich dem Endlichen einen unendlichen Schein gebe, romantisiere ich es ...“ (Novalis) Zum anderen zeigt die Romantik eine tiefe Sehnsucht nach der Ferne im Raum (Orient, rastlose Wanderschaft, „Kein Ort. Nirgends“, „Ins Ungebundene gehet eine Sehnsucht“) und in der Zeit (Mittelalter). Das Symbol dieser Sehnsüchte ist die „blaue Blume“ aus Novalis *Heinrich von Ofterdingen* (1802): „... die Blütenblätter zeigten einen blauen ausgebreiteten Kragen, in welchem ein zartes Gesicht schwebte.“

Früh-Romantik (ab 1798), ist vor allem mit der Stadt Jena und den Dichtern F. und A. W. Schlegel, L. Tieck und Novalis verbunden. Die Kunst wird als Möglichkeit des Ausbruchs aus der Enge der bürgerlichen Existenz propagiert. Angestrebt wird eine „Universalpoesie“, die nicht nur die Künste, sondern auch die Wissenschaften, überhaupt das Leben schlechthin umfassen soll. Vorrangige Themen sind Geheimnisse, das Wundersame, das Übersinnliche, das Schöne in der Fantasie, Phänomene des Unbewussten, der Traum und das Erlebnis, das sich im Gefühl, in der Psyche des Menschen vollzieht. Mittels der romantischen Ironie soll sich der Dichter über seine eigene Dichtung und Wichtigkeit, über die Tugend, die genormten Werte von Sitte und Moral erheben und vor übersteigerter Fantasie schützen.

Hoch-Romantik (ab 1805), in Heidelberg finden die Dichter C. Brentano, A. v. Arnim, J. v. Görres und J. v. Eichendorff zusammen. Enge Beziehungen bestanden zu Jacob und Wilhelm Grimm. Angesichts der Niederlagen in den Napoleonischen Kriegen wendet sich dieser Dichterkreis, vor allem aus der Sehnsucht nach dem Einfachen, Unschuldigen und Reinen heraus, den Volkstraditionen zu. Gesammelt werden Volkslieder (A. v. Arnim: *Des Knaben Wunderhorn*), Sagen und Märchen (Brüder Grimm: *Kinder- und Hausmärchen*). J. v. Eichendorff zählt zu den wichtigsten Lyrikern der Romantik (*Sehnsucht*, 1834; *Mondnacht*, 1837). Seine Novelle *Aus dem Leben eines Taugenichts* (1826) markiert sowohl einen Höhepunkt als auch einen Endpunkt der Romantik.

Spät-Romantik (ab 1820), sie wird wesentlich von H. Heine, E. T. A. Hoffmann (*Die Elixiere des Teufels*, 1815; *Nussknacker und Mausekönig*, 1816; *Nachtstücke*, 1817) und J. v. Eichendorff geprägt. Die Welt wird hier meist als spießig, niedrig und gewöhnlich, als kunstfeindlich wahrgenommen. Der Versuch, das romantische Kunstideal zu retten, wird von Fatalismus und Angst begleitet. Beschrieben wird eine abgrundtiefe, düstere, dämonisierte Welt.

Romanze (span. el romance = das in der romanischen Volkssprache Gedichtete) Die südeuropäische, eher liedhafte und lebensfrohe

Entsprechung zur nordeuropäischen → Ballade ist im 14./15. Jh. von Spanien ausgegangen. Die zumeist vielstrophige, episodenreiche Romanze gestaltet historische, sagen- und legendenhafte Stoffe, vor allem Helden- und Liebesgeschichten mit meist versöhnlichem Ende. In Deutschland wurde die Bezeichnung 1756 durch J. W. L. Gleim eingeführt; die Blütezeit der deutschen Romanzendichtung ist die Romantik (C. Brentano, J. v. Eichendorff, L. Tieck, L. Uhland), zu ihren letzten Vertretern gehört H. Heine.

Sage Erst durch die Sammlung *Deutsche Sagen* (1816 und 1818) der Brüder Grimm wurde die Bezeichnung Sage auf mündlich tradierte und entsprechend abgewandelte Volkserzählungen, die vom Einwirken übernatürlicher Kräfte/Wesen handeln und über abergläubische Vorstellungen der Erzähler/Hörer Aufschluss geben, eingeengt. Sagen bieten vielfach vorwissenschaftliche Erklärungsversuche für Vorkommnisse, die das Fassungsvermögen übersteigen (z. B. Naturkatastrophen, Seuchen, Kriege, Verbrechen). Aus Ängsten geboren, zeigen sie den Menschen als ohnmächtiges, dämonischen Gewalten ausgeliefertes Wesen, das fast immer unterliegt. Die Sage ist – im Gegensatz zum → Märchen – oft durch ein pessimistisches Weltbild gekennzeichnet. Trotz der unglaubhaften Geschehnisse beansprucht sie Glauben.

Nach wie vor gilt die Einteilung der Sagen durch die Brüder Grimm in Lokalsagen und Geschichtssagen; zu ersteren gehören auch die auf bestimmte lokale Naturerscheinungen bezogenen Natursagen. In allen drei Gruppen sind Wandersagen enthalten, gekennzeichnet durch die Übertragung eines Motivs von einer Person oder Lokalität auf eine andere (z. B. der Apfelschuss der Tell-Sage). Auf die erklärende Funktion von Sagen bezieht sich die Bezeichnung aitiologische Sage bzw. Ursprungssage.

Satire (lat. satura = Opferschale mit Früchten; Gemengsel, Allerlei) Satirische Texte sind weniger durch ihre Form als durch ihre Absicht zu bestimmen. Immer geht es um die Verspottung von Personen und Institutionen, von gesellschaftlichen Missständen schlechthin. Die Entstehung der Satire ist (nach Schiller) daran geknüpft, dass der angriffslustige/verbitterte Autor den Widerspruch zwischen Ideal und Wirklichkeit erkennt, um – vom Ideal her – die Wirklichkeit zu kritisieren, vielleicht sogar zur Verbesserung der Zustände beizutragen. Der Satiriker bedient sich der Übertreibung und Verzerrung; vor Verletzungen scheut er nicht zurück.

Zu den Gestaltungsmitteln des in allen literarischen Gattungen anzutreffenden Satirischen gehört die → Karikatur. Neben dem satirischen Roman (z. B. H. Mann: *Der Untertan. Geschichte der öffentlichen Seele unter Wilhelm II.*, 1918) und Drama (Zyklus *Aus dem bürgerlichen Heldenleben* von C. Sternheim) gibt es satirische epische und lyrische Kleinformen; sie entwickelten sich seit Beginn des 20. Jh.s in enger Verbindung mit dem → Kabarett und satirischen Zeitschriften (z. B. *Simplicissimus*, ab 1896).

Schlüsselliteratur Politische Vorsicht oder gesellschaftliche Rücksichtnahme (Vorbeugung vor juristischem Einspruch wegen Verletzung von Persönlichkeitsrechten) können einen Autor dazu bewegen, die realen „Vorbilder“ seiner Gestalten insoweit umzuformen, dass sie dem ersten Anschein nach bloße Erfindungen bilden; zugleich sorgt er dafür, dass der beabsichtigte konkrete Realitätsbezug „entschlüsselt“ werden kann. Ein Beispiel für einen im lokalen Rahmen (Lügenbeck) skandalträchtigen Schlüsselroman ist Th. Manns *Buddenbrooks* (1901). Während des Nationalsozialismus lasen Regimegegner E. Jüngers *Auf den Marmorklippen* (1939) als Schlüsselroman, der den bevorstehenden Untergang voraussagte. In W. Fährmanns Jugendbuch *Der überaus starke Willibald* (1983) wird der Bezug auf die NS-Diktatur an Schlüsselfiguren wie dem schlauen und redegewandten Mäusejosef (= Goebbels) und der dicken Hermannmaus (= Göring) erkennbar, was dann durch bestimmte Merkmale des Mäuseregimes (z. B. Misstrauen gegen Bücher, Verbreitung von Angst) untermauert wird; die Verschlüsselung soll hier die Kombinationsgabe des Lesers anregen.

Schwank (mhd. swanc = Schwung, Schlag, Streich; lustiger Einfall) Die Bezeichnung ist aus der Fechtersprache übernommen und bezieht sich ursprünglich auf derb-komische, oft mundartliche Volkserzählungen, die von Schelmenstücken und Streichen (vornehmlich gegen kirchliche und staatliche Würdenträger) aus der Perspektive von unten berichten, aber auch das ungehemmte Triebleben aller Schichten in oft tabuverletzender Weise darstellen. Das Lachen des Publikums entspringt meist der Schadenfreude. Sozialkritische Absichten verfolgt z. B. die Schwanksammlung *Ein kurtzweilig Lesen von Dil Ulenspiegel* (= Eulenspiegel) von 1515, deren ‚Historien' in Nacherzählungen für Kinder – wie den Schildbürger-Schwänken nach dem *Lalebuch* von 1597/98 – bis heute weit verbreitet sind. Im Bühnenschwank, den es seit dem 19. Jh. gibt, steht eine auf den Geschmack eines breiten Publikums zugeschnittene Situations- und Typenkomik im Vordergrund. Er ist häufig mundartlich gefärbt. Ort der Aufführung ist das Boulevardtheater.

Sciencefiction (SF) (engl. science = Wissenschaft, fiction = Erfindung) Die seit Beginn der 30er-Jahre gebräuchliche, vermutlich 1929 von H. Gernsback (Herausgeber des amerikanischen Magazins *Amazing Stories*) geprägte Bezeichnung bezieht sich auf Darstellungen (Romane und Erzählungen, Hörspiele, Filme, Comics), in denen „mit wissenschaftlichen oder pseudowissenschaftlichen Mitteln dem zum gegenwärtigen Zeitpunkt Unmöglichen entweder in einem Angst- oder einem Wunschbild der Schein des Möglichen gegeben wird" (V. Graaf). Die Fantasie des Autors ist an das naturwissenschaftliche Weltbild unserer Zeit gebunden; die Nähe/Ferne zur Realität schwankt. Populärwissenschaftliche Informationen, vom Leser erwartet, werden oft in die spannenden Erzählungen eingestreut. Meist spielt die Handlung in Männergesellschaften, die in kämpferische Auseinandersetzungen kosmischen Ausmaßes verwickelt werden (Invasionen aus dem All, Verbrecherjagden im Weltall). Erzählt wird von Reisen in die Zukunft oder in den Sternenraum; gelegentlich werden andere Bewusstseinsebenen erkundet. Mitunter dienen außerirdische Welten als Vorbilder für eine bessere Gesellschaft, Warnungen richten sich gegen (globale) Gewaltherrschaft, den Ausbruch eines Atomkriegs und Übertechnisierung (Roboter- und Computerwelt, vgl. Utopie).

Als Erfinder des technischen Zukunftsromans gelten H. G. Wells (*The Time Machine*, 1. Fassung 1888, dt. *Die Zeitmaschine* 1904, Sammelband *Scientific Romances*) und J. Verne (vgl. Roman); der erste deutsche SF-Autor ist K. Lasswitz (1848 bis 1910). Zu den bedeutendsten SF-Autoren der Gegenwart gehört der polnische Arzt und Schriftsteller S. Lem (Begründer der Polnischen Astronautischen Gesellschaft). Die seit 1961 erscheinende, sehr erfolgreiche deutsche Heftchen-Serie *Perry Rhodan*, die zur Bildung von Fan-Clubs geführt hat, sollte nicht überbewertet oder gar mit SF gleichgesetzt werden. Gegen die in der populären SF mehr oder weniger offen zutage tretenden reaktionären und rassistischen Einstellungen, die geeignet waren, die SF-Literatur insgesamt zu diskreditieren, bildete sich Mitte der 60er-Jahre eine „New wave"-Bewegung mit dem Ziel, die trivialisierten SF-Themen zu literarisieren.

Sentenz (lat. sententia = Ausspruch) Als prägnanter, selten den Umfang von zwei Zeilen überschreitender Sinn- oder Denkspruch eröffnet, unterbricht oder beendet die Sentenz dichterische Texte (vor allem Gedichte und Dramen), die hierdurch um allgemeine

Reflexionen bereichert werden. Das rhetorische Mittel neigt zur Verselbständigung (z. B. Sentenzen aus Dramen Schillers, vgl. G. Büchmanns Sammlung *Geflügelte Worte*, 1864).

Beispiel:
„Ernst ist das Leben,
heiter ist die Kunst."
(F. Schiller: *Wallenstein*, 1800)

Sonett (ital. sonetto = Klinggedicht) Die im 13. Jh. in Italien entstandene Gedichtform umfasst 14 Verse und ist sehr streng gebaut. Auf zwei Quartette (= vierzeilige Strophen) folgen regelmäßig zwei Terzette (= dreizeilige Strophen). Die Reimordnung ist meist: a b b a / a b b a / c d c / d c d. Zwischen dem letzten Quartett und dem ersten Terzett lässt sich oft – auch inhaltlich – ein deutlicher Einschnitt feststellen.

Das Sonett war in Deutschland über Jahrhunderte beliebt; es erlebte Blütezeiten im Barock (A. Gryphius), in Klassik (Goethe) und Romantik (A. W. Schlegel) sowie zu Beginn des 20. Jh.s (S. George, R. M. Rilke).

Sozialistischer Realismus Es handelt sich einerseits um Literatur, die von Arbeitern und ihren Lebensverhältnissen handelt, wobei die soziale Stellung der Autoren keine Rolle spielt, andererseits um die Literatur von Autoren, die der Arbeiterklasse angehören. Der Sozialistische Realismus ist dem Ziel verpflichtet, das proletarische Klassenbewusstsein zu stärken. Das Drama wurde früher und vielseitiger als der Roman zur politischen Erziehung verwendet (z. B. Agitations- und Lehrstück, Agitprop-Theater, vgl. Drama).

In der DDR wurde mit dem „Bitterfelder Weg" (1959, 2. Bitterfelder Konferenz 1964) eine Bewegung schreibender Arbeiter und durch eigene Praxis mit der wirtschaftlichen Produktion vertrauter Schriftsteller hervorgerufen. Das Ziel war die Überwindung der Entfremdung von Künstler und Gesellschaft, von Kunst und Leben durch eine „Volkskultur". In der Bundesrepublik Deutschland versuchte die 1961 gegründete „Gruppe 61" eine „künstlerische Auseinandersetzung mit der industriellen Arbeitswelt" frei von staatlichen Richtlinien; 1970 spaltete sich der stärker gesellschaftspolitisch orientierte „Werkkreis Literatur der Arbeitswelt" („Werkkreis 70") ab.

Spruch In Vers und Prosa werden seit undenklichen Zeiten Beobachtungen, Erkenntnisse und Verhaltensregeln so kurz und einprägsam formuliert, dass sie für den täglichen Gebrauch taugen. Als kulturelles Gemeinschaftsgut lebt diese Spruchdichtung (zuweilen in abgewandelter Form) lange und weiträumig fort. Eine berühmte Sammlung mit Weisheitssprüchen ist das Buch *Die Sprüche Salomos* im Alten Testament. Im volkstümlichen Sprichwort mit oft zweigliedriger, manchmal gereimter Form werden vornehmlich abstrakte Sachverhalte veranschaulicht; die Vieldeutigkeit der bildlichen Aussage ermöglicht die Übertragung auf andere Lebensbereiche; Beispiel: „Ein faules Ei verdirbt den ganzen Kuchen." Nicht selten kommt es zu spaßigen Verdrehungen und Verballhornungen; Beispiel: „Was ein Meister werden will, krümmt sich beizeiten."

Im heidnisch-kultischen Bereich wurzelt der Segens- und Zauberspruch zum Zweck der Beschwörung (Dämonenabwehr, Krankheitslinderung). Die im 10. Jh. aufgezeichneten ahd. *Merseburger Zaubersprüche* mit Stabreimen (vgl. Reim) gehören zu den ältesten deutschen Literaturdenkmälern.

Im Mittelalter weitete sich die deutsche Spruchdichtung zu lehrhaften, gelegentlich zeitkritischen Strophen aus. Diese Tradition reicht von Walther von der Vogelweide über H. Sachs bis zu B. Brecht.

Stil (lat. stilus = Griffel, Schreibweise) In der Antike unterschied man je nach Mitteilungs- oder Darstellungsabsicht drei Stilarten: den schlichten oder leichten (an die Alltagssprache angelehnten, einfacher Belehrung dienenden) Stil, den mittleren (reicher ausgeschmückten, der Unterhaltung dienenden) und den erhabenen oder schweren Stil (aufwendig und feierlich, auf Ergriffenheit zielend, auch Pathos genannt). Rednern wurde empfohlen, folgende Merkmale eines guten Stils zu beachten: Sprachrichtigkeit, Deutlichkeit, Angemessenheit, Redeschmuck, Kürze. Heute versteht man unter Stil die in sich einheitliche Gestaltungsweise eines Individuums, einer literarischen Strömung, einer Epoche bzw. den durch eine literarische Gattung bedingten Stil. Er ergibt sich aus der Summe der charakteristischen Einzelzüge. In schöpferischer Auseinandersetzung mit den herrschenden Stilnormen kann der einzelne Autor seinen Persönlichkeits- bzw. Individualstil entwickeln. Er wird z. B. durch die Bevorzugung bestimmter Redefiguren (vgl. Rhetorik) geprägt, durch den Grad der Bildhaftigkeit, durch das Überwiegen bestimmter Wortarten (Nominal- oder Verbalstil) oder syntaktischer Strukturen (Parataxe mit gleichrangigen Satzgliedern und Gliedsätzen, z. B. bei A. Stifter, oder Hypotaxe mit oft mehrstufiger Unterordnung in „Schachtelsätzen", z. B. bei H. v. Kleist). Die Ausprägung des Individualstils ist einerseits abhängig, andererseits unterschieden vom Zeit- und Epochenstil, der Grundmuster bereitstellt, die historischem Wandel unterliegen und Moden unterworfen sind. Die zeitliche Parallelität oder Überschneidung von Strömungen (z. B. Klassik und Romantik) machen allerdings den Epochenbegriff bzw. -stil problematisch.

Als Stilbruch wird die in der Regel unfreiwillige bzw. durch Unvermögen bedingte Vermischung von Stilebenen („hoher" und „niederer" Stil) bezeichnet; der „brüchige" Stil kann allerdings auch als bewusst eingesetztes, z. B. eine Person charakterisierendes Gestaltungsmittel verwendet werden. Die Stilblüte ist eine verunglückte Formulierung (z. B. „Ein Krankenhaus ist ein Ort, wo man hingeht, um dort geboren zu werden").

Die Bezeichnung Manier (franz. manière = Art und Weise) ist grundsätzlich gleichbedeutend mit Stil, wird jedoch zumeist in abwertendem Sinne gebraucht; so bedeutet etwa „manieriert" so viel wie „gekünstelt, übertrieben, äußerlich nachgeahmt". Zugrunde liegt die vom klassischen bzw. klassizistischen Standpunkt aus negative Bewertung des Manierismus; der Begriff bezeichnet in der Literaturgeschichte (nach dem Vorbild der Kunstgeschichtsschreibung) im engeren Sinne die (krisenhafte) Epoche zwischen Renaissance und Barock, im weiteren Sinne eine die gesamte Kulturgeschichte als jeweilige Gegenreaktion zur Klassik (= Streben nach Harmonie) mitbestimmende Tradition.

Stoff Die in der Literaturwissenschaft nicht ganz eindeutige Bezeichnung bezieht sich meist auf das noch formlose „Rohmaterial" an Inhalten und Handlungsmustern (vgl. Fabel), dem der Autor Form verleiht. So werden z. B. bestimmte historische Stoffe immer wieder bearbeitet; das schriftstellerische Ergebnis kann jeweils ganz neuartig und eigenständig sein (Beispiel: H. v. Kleist: *Michael Kohlhaas*, 1810; E. Plessen: *Kohlhaas*, 1979).

Strophe Die oft kunstvoll gebaute Ordnungseinheit zur Gliederung von Gedichten ist von unterschiedlicher Länge, überschreitet aber selten acht Verse. Umfang, → Metrum und Reimschema (vgl. Reim) sind bei einigen Gedichtformen streng festgelegt.

Am einfachsten gebaut ist die vierzeilige jambische Volksliedstrophe (Reimschema a b a b mit abwechselnd männlichem und weiblichem Reim), die in der Lyrik der Neuzeit am häufigsten vorkommt. Aus England stammt die in der deutschen → Ballade verbreitete vierzeilige Chevy-Chase-Strophe mit wechselweise vier- und dreihebigen Versen; ihre Reime sind ausschließlich männlich. Dreizeilig sind die aus Italien stammenden Strophen Terzine und Ritornell (vgl. auch Sonett). Als „Fürstin unter den Strophenformen" (W. Kayser) gilt die streng gefügte, achtzeilige Stanze (Reimschema a b a b a b c c).

Von den antiken Strophen haben sich neben dem zweizeiligen → Distichon verschiedene Odenstrophen (vgl. Ode) durchgesetzt, deren Bau variabel, aber immer schwierig ist. Zu den längsten Strophen gehören die Kanzonenstrophen, die meist 13 Verse umfassen und in sich auf komplizierte Art mehrgliedrig sind.

Sturm und Drang Eine literarische Jugendbewegung von Mitte der 60er bis Mitte der 80er Jahre des 18. Jh.s. Die Literatur hat sich von Konventionen und Regelwerken frei zu machen. Sie soll „aus unmittelbarer Gegenwart, aus unmittelbarer Begeisterung der Sinne, und der Einbildung“ (Herder) hervorgehen und sich durch geniale „Sprünge und kühne Würfe“ (Herder) weiterentwickeln. Fantasie, Leidenschaft und Spontaneität wurden zur eigentlichen Quelle künstlerischen Tätigkeit erklärt. Die Dramen von W. Shakespeare wurden zum Vorbild erklärt. Goehthe feiert den englischen Dichter 1771 mit den Worten: „Natur! Natur! Nichts ist so Natur als Shakespeares Menschen.“ Der Sturm und Drang richtet sich sozialkritisch gegen Standesdünkel, gegen althergebrachte Sittlichkeit und Moralität, gegen alle Formen der gesellschaftlichen Restriktion gegenüber dem Einzelnen. Sie propagiert die Fähigkeit des Individuums zur Selbstbestimmung, Selbstverantwortung und Selbstverwirklichung. In F. Schillers *Die Räuber* (1781) gipfelt der ungebremste Freiheitsdrang des egoistischen, streng rationalistisch kalkulierenden Helden Franz Moor dann allerdings in der Einsicht, dass es Gesetze und Regeln geben muss, weil ansonsten „zwei Menschen wie ich den ganzen Bau der sittlichen Welt zugrund richten würden“. Insbesondere thematisiert der Sturm und Drang die Zerrissenheit des Individuums zwischen Gefühl und Verstand, zwischen Leidenschaft und Vernunft (F. Schiller: *Kabale und Liebe*, 1784). Mit der Betonung des Gefühls soll die Trennung von Erkenntnis und Sinnlichkeit, von Emotionalität und Rationalität aufgehoben werden. Kopf und Herz sollen wieder eine Einheit bilden, „weil der Weg zu dem Kopf durch das Herz muß geöffnet werden“, wie Schiller schreibt. Ein herausragendes Werk des Sturm und Drang stellt Goethes Briefroman *Die Leiden des jungen Werthers* (1774) dar. Zu den wichtigsten Vertretern zählen neben J. W. Goethe und F. Schiller, G. A. Bürger, J. G. Herder, J. M. R. Lenz, Ch. F. D. Schubart.

Symbol (griech. symbolon = Wahr-, Kennzeichen) Im alten Griechenland gaben sich Vertragspartner (z. B. Geschäfts- oder Eheleute) bei einer Trennung die beiden Hälften eines zerbrochenen Gegenstandes; bei der Wiederbegegnung wurde überprüft, ob die Bruchstücke zusammenpassten (griech. symballein = zusammenhalten). Handlungen und Gegenstände, die auf etwas anderes (meist Höherwertiges, Ideelles) verweisen und als Erkennungszeichen dienen, kennt jeder (z. B. Bekreuzigung der Christen, Ehering, Stadtwappen).

In der Literatur ist das Symbol ein ganzheitliches, sinnlich erfassbares, meist bildhaftes Zeichen, das über sich hinaus auf etwas Unaussprechbares verweist und dabei von so umfassender Bedeutung ist, dass die restlose Ausdeutung weder gelingen kann noch soll. Auch Personen (sogar Farben und Formen) können symbolischen Wert haben. Als Sinn-Bild wendet sich das Symbol weniger an den Verstand (vgl. Allegorie, Emblem, Personifikation) als an das Gefühl. Bedeutungszuordnungen werden zwar tradiert; das gleiche Bild kann aber für Unterschiedliches in Anspruch genommen werden (so ist die Taube Symbol des Friedens und des Heiligen Geistes). Auffassung, Reichweite und Sinnbezug des Symbols unterliegen historischem Wandel.

Symbolismus Ästhetizistische Gegenströmung zum → Naturalismus während der Jahrhundertwende. Kunst, Literatur und Dichtung kann kein naturalistisches Abbild der Realität sein, denn die Kunst erschließe immer mittels einer künstlerischen Sprache und Symbolik die Wirklichkeit. Schönheit und Kunst stellen daher einen eignen Wert gegenüber Wahrheit und Nutzen dar. Die Kunst ist autonom („l'art pour l'art", vgl. Fin de siècle, Literatur), sie beugt sich weder einer als ordinär empfundenen Wahrheit noch irgendeinem Zweck oder profanem Nutzen. Es ist vor allem St. George, der den französischen Symbolismus (Ch. Baudelaire, P. Verlaine, St. Mallarmé, A. Rimbaud) mit der deutschen Literatur vermittelt.

Synästhesie (griech. synaisthesis = Zugleichempfinden) Schon in der Alltagssprache werden mitunter Wahrnehmungen so beschrieben, als seien mehrere Sinne zugleich gereizt worden (warmes Rot, schreiendes Grün, dunkle Melodie). Vor allem Lyriker setzen die Verschmelzung verschiedenartiger Sinneseindrücke als Stilwert ein.

Beispiel:
„Hör! Es klagt die Flöte wieder, / Und die kühlen Brunnen rauschen, / Golden wehn die Töne nieder – / Stille, stille, lass uns lauschen! // Holdes Bitten, mild Verlangen, / Wie es süß zum Herzen spricht! / Durch die Nacht, die mich umfangen, / Blickt zu mir der Töne Licht."
(C. Brentano: *Abendständchen*)

Tautologie (griech. tauto = dasselbe, logos = Rede) Die Verwendung mehrerer Synonyme (= gleichbedeutende Wörter) kann stilistisch zur Verstärkung einer Aussage eingesetzt werden (Beispiele: immer und ewig, Angst und Bange, hoch und heilig). Wo von zwei Wörtern eines überflüssig ist (z.B. alter Greis), sollte man lieber von Pleonasmus sprechen. Die beiden Begriffe werden heute aber selten scharf getrennt.

Teichoskopie (griech. Mauerschau) Nach einer Episode in Homers *Ilias*, in der von einer Mauer aus ein Kampf beschrieben wird, bezeichnet man den entsprechenden dramentechnischen Kunstgriff zur fiktiven Erweiterung des Schauplatzes als Teichoskopie oder Mauerschau: Auf der Bühne nicht Darstellbares wird gleichsam durch eine Livereportage vergegenwärtigt. Ähnliches leistet, auf weiter entfernte Schauplätze bezogen und somit zeitlich versetzt, der Botenbericht.

Text (lat. textus = Gewebe, Geflecht) Unterschiedslos können heute alle schriftlich fixierten Wortfolgen, die ein mehr oder weniger geschlossenes Bedeutungsgefüge bilden, als Text bezeichnet werden; der Umfang kann eine Zeile, aber auch Hunderte von Seiten betragen. Zur Textsorte vgl. Gattung.

Theater (griech. theatron = Schauplatz, von theasthai = schauen) Äußere und innere Vorgänge werden durch das Figurentheater (Hand- oder Stockpuppen, Marionetten, Schattenspielfiguren), durch die auf Mimik und Gestik beschränkte, stumme Pantomime (griech. pantomimos = der alles Nachahmende), durch das Sprechtheater oder das Musiktheater (Oper, Operette, Musical) in der Regel auf einer → Bühne zur Darstellung gebracht. Der wohl ursprünglichen Form des Theaterspiels entspricht das Straßentheater. Heute ersetzt vielfach die Aufzeichnung von Theateraufführungen durch das Fernsehen das unmittelbare Theatererlebnis.

Zum Gesamtbereich des Theaters gehören sämtliche Einrichtungen, die mit der Schauspielkunst zusammenhängen und der Aufführung eines Bühnenstücks dienen: das Ensemble (= Schauspielertruppe, Gesamtheit der an einem Theater fest engagierten Künstler), die → Regie, die → Dramaturgie, die Intendanz (Theaterleitung), die Theaterwerkstätten und technischen Einrichtungen, schließlich die Theaterkritik. Hinsichtlich der Wirtschafts- und Organisationsform ist zwischen dem staatlichen und privatwirtschaftlichen Berufstheater einerseits und dem nebenberuflichen Amateur- und Laientheater andererseits zu unterscheiden.

Im engsten Sinne bezeichnet Theater das Theatergebäude, dessen Anfänge im antiken Freilichttheater liegen (vgl. Bühne).

Titel (lat. titulus = Aufschrift) Die vom Autor, Herausgeber oder Verlag gewählte, heute meist unverändert beibehaltene Benennung eines Buches oder eines Einzelwerkes (Gedicht, epische Kleinform) sollte möglichst unverwechselbar und einprägsam formuliert sein. Der zusätzlich zum Haupttitel formulierte Untertitel enthält genauere Hinweise auf Form (Gattung) und Inhalt, bei mehrbändigen Werken dient er der Kennzeichnung des Einzelbandes. Reihentitel stellen das Werk in einen größeren, oft herstellungsbedingten Zusammenhang (gemeinsames Programm für alle Einzeltitel, serienmäßige Ausstattung).

Die Titelgeschichte ist die in einer Sammelausgabe in der Regel an erster Stelle platzierte Erzählung, deren Titel zugleich als Titel der Sammlung dient.

Topos (griech. Ort) Die wiederholte Benutzung vorgestanzter, traditionell bewährter Redewendungen, Motive und Bilder („Gemeinplätze") geht auf die antike → Rhetorik zurück und hat bis ins 18. Jh. stark auf die Ausdrucksweise der europäischen Literatur eingewirkt. Kritiker wandten sich gegen den schematischen Einsatz von Topoi. In Festansprachen, Gruß- und Trostworten sind sie bis heute gebräuchlich; neue Versatzstücke oder Klischees, kurzlebiger zwar, entstehen noch immer, z. B. in der Werbesprache. Ein schöpferischer Umgang mit Topoi ist jedoch nicht ausgeschlossen.

Eine genaue Kenntnis der überlieferten, mehr oder weniger festgefügten Topoi kann vor Fehlinterpretationen älterer Literatur als individuelle Sprachleistung schützen. Die systematische Erforschung des gesamteuropäischen Bestandes an Topoi geht auf E. R. Curtius zurück (*Europäische Literatur und lateinisches Mittelalter*, 1948). Heute werden andere Fragestellungen verfolgt (z. B. historische Bedingtheit, Absicht und Wirkung).

Tragik (griech. tragike techne = Kunst des Trauerspiels) Umgangssprachlich wird „tragisch" oft im Sinne von „traurig" gebraucht. Das Wort bezieht sich jedoch auf eine besondere Form des (von Trauer begleiteten) Untergangs oder Scheiterns einer Existenz: Tragik besteht dort, wo Menschen durch einen Wertekonflikt notwendigerweise in Leid und Vernichtung geführt werden. Es gibt mehrere Theorien zum Wesen des Tragischen, z. B. als tragische Schuld, unentrinnbares Schicksal oder tragischer Konflikt zwischen Individuum und Gesellschaft, Freiheit und Gesetz. Tragik bildet das wesentliche Gestaltungsmittel der → Tragödie, ist jedoch nicht auf diese Gattung beschränkt.

Tragödie (griech. tragodia = Bocksgesang) Diese der → Komödie vorausgehende Grundform des → Dramas ist aus dem Dithyrambus (= Chorgesang im Bocksgewand zu Ehren des Gottes Dionysos) hervorgegangen, und zwar als „erhabene" dramatische Gestaltung unversöhnlicher Wertekonflikte (vgl. Tragik).

Wesentliche Grundmotive der antiken Tragödie sind das unschuldige Schuldigwerden (Ödipus) und die Hybris (= Selbstüberschätzung). Der Zuschauer wird durch das notwendig zur Katastrophe (vgl. Drama) führende Geschehen in „Furcht" und „Mitleid" versetzt und erlebt hierdurch die Katharsis, eine Art von psychischer „Reinigung" (die ursprüngliche Bedeutung ist umstritten; vgl. aristotelisches Drama). Die Schicksalstragödie des 19. Jh.s (z. B. F. Grillparzer: *Die Ahnfrau*, 1817) verknüpft das Scheitern der Helden mit irrationalen Phänomenen.

Die Bezeichnung Trauerspiel wurde zunächst gleichbedeutend wie Tragödie verwendet. Im bürgerlichen Trauerspiel besteht insofern eine Bedeutungsverschiebung, als hier ein Ständekonflikt das tragische Geschehen bedingt, wodurch die Unausweichlichkeit auf eine bestimmte, letztlich veränderbare geschichtliche Situation beschränkt ist (G. E. Lessing: *Emilia Galotti*, 1772; Schiller: *Kabale und Liebe*, 1784). Eine Umformung des bürgerlichen Trauerspiels erfolgte durch F. Hebbels *Maria Magdalene* (1844), indem sich der tragische Konflikt aus dem kleinbürgerlichen Sittlichkeitsbegriff ergibt, und zwar als Nachweis dafür, „dass auch im eingeschränktesten Kreis eine zerschmetternde Tragik möglich ist" (Hebbel). Die Relativierung des umfassenden Wertgefüges als Bezugsrahmen des tragischen Konflikts gehört zu den Voraussetzungen der modernen Tragikomödie (vgl. Drama).

Trivialliteratur (lat. trivialis = auf Drei- oder Kreuzwegen befindlich, allgemein bekannt; franz. trivial = abgedroschen, gewöhnlich) Die weithin als minderwertig abgestempelten Lesestoffe, oft massenhaft verbreitet, dienen anspruchsloser Unterhaltung. Ersatzbezeichnungen wie Massen-, Konsum-, Konform-, Schema- oder populäre Literatur weisen auf bestimmte Wesensmerkmale hin, haben sich aber nicht allgemein durchsetzen können. Landläufige Kennzeichnungen wie Kitsch (für alles Süßliche) und Schmutz und Schund (für alles Unzüchtige und Brutale) sind begrifflich verwaschen; sie werden zumeist mit moralischen Wertungen verbunden (verlogen, schädlich). Die Unterscheidung von hoher und niederer Literatur, im übrigen Europa längst als Scheinproblem belächelt, hat sich als unergiebig erwiesen; klare Abgrenzungen sind nur selten zu leisten.

Am umstrittensten ist die gesamte Heft(chen)literatur, zu deren Vorformen der Groschenroman gehört: kurzlebige, gezielt hergestellte Ware zur Bedürfnisbefriedigung. Sie bildet zwei Hauptstränge: den Liebesroman und den Abenteuerroman (vgl. Roman) bzw. Actionroman. Der Liebesroman lässt sich in den Schicksals-, Arzt-, Adels- oder Schloss-, Mami- oder Mutti- und Heimat- oder Bergroman untergliedern, den Actionroman gibt es als Detektiv- (z. B. *Jerry-Cotton*-Serie), Wildwest-, Landser-, → Sciencefiction- und Horror-Vampyr-Roman. Heftromane werden in der Bundesrepublik Deutschland jede Woche millionenfach gelesen.

Übersetzung Fremdsprachliche oder in einer veralteten Sprache verfasste Texte werden durch eine möglichst wort- und inhaltsgetreue Übersetzung oder Übertragung einem größeren Leserkreis zugänglich. Probleme stellen sich vor allem bei Werken in gebundener Sprache, wenn formale Eigentümlichkeiten der Originalfassung (Metrum, Reim, Melodie, Rhythmus) nicht völlig verschwinden sollen. Meist müssen vertretbare Kompromisse zwischen inhaltlicher und formaler Übereinstimmung gefunden werden; der Sprachgebrauch hat sich bei der Übersetzung weniger an der Ausgangs- als an der Zielsprache zu orientieren. Die Nachdichtung ist der Versuch einer gleichwertigen Neuschöpfung.

Uraufführung Seit Anfang unseres Jh.s ersetzt dieser Name im Deutschen weitgehend den französischen Ausdruck Premiere als Bezeichnung der ersten Aufführung eines Dramas, Films oder Musikwerks. Von Erstaufführung spricht man bei der ersten Aufführung an einem anderen Ort bzw. bei der erstmaligen Aufführung eines fremdsprachlichen Werkes in übersetzter Form.

Utopie (griech. ou = nicht, topos = Ort; Nirgendwo) Das Wort ist eine Neubildung des Humanismus und hat sich durch den Roman *Utopia* (1516) von Th. Morus, die Schilderung eines idealen (Insel-)Staatswesens, durchgesetzt. Seitdem sind die verschiedensten christlichen, bürgerlich-humanistischen, sozialistischen und anarchistischen Zukunftsvisionen entwickelt und zumeist in Romanform dargestellt worden. Die Fantasie nimmt eine „bessere Welt" ohne Zwang und Abhängigkeiten vorweg, wobei zumeist vorausgesetzt wird, dass sie sich nicht oder zumindest nicht in dieser

Form verwirklichen lässt. Utopische Elemente sind auch in anderen Romangattungen enthalten, etwa im Bildungs- und Entwicklungsroman (Goethe: *Wilhelm Meisters Wanderjahre*, ab 1821; H. Hesse: *Das Glasperlenspiel*, 1943). Neben positiven gibt es negative, Anti- oder Warnutopien; zu ihnen gehören A. Huxleys *Brave New World* (*Schöne neue Welt*, 1932) und G. Orwells *1984* (1949), als Jugendbuch *Die letzten Kinder von Schewenborn* (1983) von G. Pausewang. Vgl. auch Sciencefiction.

Vers (lat. versus = Umwendung, z. B. des Pfluges; Furche, Reihe) Verse sind das äußere Merkmal der gebundenen Rede bzw. Sprache. Als Ordnungseinheit umfasst der Vers eine Zeile. Meist sind Verse metrisch gegliedert (vgl. Metrum) und durch Reime verbunden; sie kommen aber auch als freie Rhythmen (= reimlose Verse von beliebiger Länge, ohne Metrum, aber mit ausgeprägtem → Rhythmus) vor. Wenn Verse eine → Strophe bilden, kann ihre Anzahl durch die Gedichtform festgelegt sein (vgl. Sonett). Fallen Satz- und Versende zusammen, spricht man von Zeilenstil, setzt sich der Satz in der nächsten Zeile fort, von Hakenstil (vgl. Enjambement). Steht vor dem ersten Takt eine unbetonte Silbe, hat der Vers einen Auftakt. Gibt es im Versinneren, mitten im Takt, einen Einschnitt (Atempause), entsteht eine Zäsur; sie heißt Diärese, wenn Wort- und Taktende zusammenfallen. Den Verschluss bildet die Kadenz, die ein-, zwei- oder dreisilbig sein kann (vgl. Reim).

Volksbuch Im 15./16. Jh. entstanden mit der Ausbreitung des Buchdrucks Sammlungen von Prosaerzählungen, die, formal kaum gestaltet, dem Unterhaltungsbedürfnis breiter Schichten entgegenkamen. Zugrunde lagen überlieferte, oft abenteuerliche Stoffe (Ritter- und Liebesromane, Sagen). Diese Volksbücher erlebten bis ins 19. Jh. preiswerte Neuauflagen. Nur ausnahmsweise handelt es sich um die erste Niederschrift von mündlich tradiertem Erzählgut (z. B. das *Lalebuch*, vgl. Schwank). Interessant sind einige Volksbücher als Quellen bedeutender Dichtungen (z. B. die *Historia von D. Johann Fausten*, 1587).

Weimarer Klassik Der Begriff „Klassik" geht zurück auf lateinisch „classicus", was soviel wie „der ersten Steuerklasse zugehörig" bedeutet. Bereits in der Antike wurde der Ausdruck „classicus" mit herausragenden geistigen Leistungen in Verbindung gebracht. Im 18. Jh. steht „Klassik, klassisch" sowohl für „antik" als auch für „vorbildlich, maßgebend, mustergültig". Im weiten Sinn erfasst der Begriff der Weimarer Klassik die Zeit zwischen Goethes Italienischer Reise 1786 und Goethes Tod 1832, im engen Sinn die Zeit der Freundschaft und Zusammenarbeit von Goethe und Schiller (1794–1805). Die Klassik orientiert sich an den literarischen Maß- und Formvorstellungen, an dem von Bändigung, Harmonie und Humanität geprägten klassischen Stil der Antike. Demnach kann es für Goethe und Schiller in der dichterischen Produktion nicht mehr nur um die Nachahmung der Natur oder um eine empfindsame, gefühlvolle „Manier", wie sie etwa im Sturm und Drang gepflegt wird, gehen, sondern Gegenstand des Kunst müssen nunmehr das „Wesen der Dinge" und die allgemeingültigen menschlichen Normen und Werte sein. Die Rückbesinnung auf das Ideal der antiken Kunst wird vor allem durch Johann Joachim Winkelmann („edle Einfalt und stille Größe" mache das Wesen des antiken Schönheitsideals aus) vorbereitet. Vor dem Hintergrund der Französischen Revolution wurde die Weimarer Klassik vom deutschen Bürgertum als Gipfelpunkt der nationalen Kulturentwicklung und als Leitbild der nationalen kulturellen Identität gefeiert. In F. Schillers Drama *Maria Stuart* (1799) beispielsweise spiegelt sich die Enttäuschung über die Entwicklung der Französischen Revolution hin zu einer Diktatur, Schreckensherrschaft. Schiller stellt hier die Frage, ob ein vernünftiger, bürgerlicher Staat ohne Barbarei möglich ist.

Zentrale Werke der Weimarer Klassik sind u.a.: J. W. Goethes *Iphigenie auf Tauris* (1787) und *Torquato Tasso* (1790), F. Schillers *Don Karlos* (1787) und *Wallenstein* (1798–99), aber auch J. Gottfried Herders *Ideen zur Philosophie der Geschichte der Menschheit* (1798–99).

Witz Witz haben, gewitzt sein bedeutete ursprünglich: über Klugheit verfügen. Der Textwitz, zielstrebig auf eine Pointe zulaufend, gehört zu den einfachen Formen (vgl. Epik). Meist wird mit sparsamsten Mitteln eine Situation umrissen, in der gehandelt oder nur gesprochen wird. (Zeichen- oder Bildwitze kommen manchmal ganz ohne Worte aus.) Witze, oft serienweise hergestellt (z.B. Häschen- oder Irrenwitze), dienen der Geselligkeit; sie führen Aggressionen ab (grausame Witze), bringen heimliche Ängste zur Sprache (makabre Witze), stellen Einverständnis her (politische Witze), durchbrechen Tabus (makabre und sexuelle Witze). Sie richten sich gegen bestimmte Stände (z.B. Geistliche, Mediziner, Lehrer) und Volksgruppen (z.B. Schotten); sie können derb, naiv, geistreich, surrealistisch sein. Häufig wird gegen Normen verstoßen, was unmittelbar befreiend wirkt. Witze reizen zum Lachen, weil in ihnen Unerwartetes geschieht.

Beispiel:
„Klein-Erna war mit anderen Kindern beim Baden. ‚Auch mit Schungs?' – ‚Weiß nich!' – ‚Kann man doch sehn!' – ‚Nee, wa'n alle nackich!'"

Wortspiel Mehrdeutigkeiten oder Klangähnlichkeiten mancher Wörter reizen zum spielerischen Umgang mit ihnen. So lassen sich etwa durch Buchstabenverwechslung oder -austausch, durch Wortzerlegung, -neubildung oder -zusammenziehung überraschende Wirkungen erzielen. Meist werden dabei Doppelbödigkeiten aufgedeckt, die einfach nur komisch (Nähe zum → Witz), aber auch tiefgründig sein können (Nähe zum → Aphorismus). H. Heine sprach z.B. von „Hausfeind", „abgeliebter" Dame, „famillionärem" Empfang (durch Rothschild). Auch Alltagsdialoge enthalten Wortspiele.

Beispiel:
„Mein Name ist Kurz!" –
„Meiner auch. Ich heiße Lang!"

Zensur (lat. censura = Prüfung, Beurteilung) Der römische Censor hatte das staatsbürgerliche und sittliche Leben der Bürger zu überwachen. Seit dem Mittelalter, verstärkt seit der Ausbreitung des Buchdrucks ab der Mitte des 15. Jh.s, übten Kirche und Staat die nach und nach institutionalisierte Kontrolle sämtlicher öffentlicher Äußerungen in Wort (z.B. Predigt) und Schrift aus. Unterschieden wurde zwischen Vorzensur (Druckwerke bis zu einem bestimmten Umfang) und Nachzensur (Eindruck schwarzer Zensurbalken, Entfernung einzelner Teile, Beschlagnahmung und Verbot des weiteren Verkaufs, Bestrafung von Autoren). Die im Deutschen Bund dezentrale Zensur konnte durch Empfehlungen u.ä. zentralisiert werden (1835 Publikationsverbot für das → „Junge Deutschland" durch Beschluss des Bundestages). Die in Deutschland 1919 (wenn auch mit Einschränkungen) garantierte Meinungs- und Pressefreiheit wurde 1933 durch radikale Zensurmaßnahmen bis hin zur Vernichtung von Autoren aufgehoben. Artikel 5, Absatz 1 des Grundgesetzes der Bundesrepublik Deutschland stellt fest: „Eine Zensur findet nicht statt." Einschränkungen der Zensurfreiheit erfolgen auf der Grundlage gesetzlicher Bestimmungen, z.B. zum Schutz der Jugend.

Zitat Wenn jemand die Formulierung eines anderen Autors wörtlich übernimmt (z.B. um die eigene Darstellung zu untermauern), so sollte er die Quelle (Autor und Fundort) nennen und im Schriftsatz die zitierte Textstelle durch Anführungszeichen markieren.

Wer sich geistiges Eigentum unerlaubt aneignet, d.h. als eigenes Produkt ausgibt, verletzt das Urheberrecht und kann als Plagiator angeklagt werden. Das (ganz oder teilweise) gestohlene Literaturwerk gilt als Plagiat. Bei widerrechtlichem Nachdruck spricht man von Raubdruck.

Zyklus (griech. kyklos = Kreis) Wenn epische, lyrische oder dramatische Werke sich inhaltlich und formal zu einem geschlossenen Ganzen fügen lassen, ohne ihre Eigenständigkeit völlig zu verlieren, bilden sie einen Zyklus (z. B. G. Kellers Novellenzyklus *Die Leute von Seldwyla*). Umfasst die Folge drei Teile, spricht man von Trilogie (z. B. Goethe: *Trilogie der Leidenschaft*); vier Teile bilden eine Tetralogie (z. B. Th. Mann: *Joseph und seine Brüder*).